CB140728

O MISTÉRIO DAS BEM-AVENTURANÇAS

O MISTÉRIO DAS BEM-AVENTURANÇAS

POR

J. VAN RIJCKENBORGH

EDITORA
Rosacruz

Copyright © 1946 Rozekruis Pers, Haarlem, Holanda

TÍTULO ORIGINAL:
Het mysterie der zaligsprekingen

TRADUÇÃO DA EDIÇÃO HOLANDESA DE 1993

2007
IMPRESSO NO BRASIL

LECTORIUM ROSICRUCIANUM
ESCOLA INTERNACIONAL DA ROSACRUZ ÁUREA

Sede Internacional
Bakenessergracht 11-15, Haarlem, Holanda
www.rozenkruis.nl

Sede no Brasil
Rua Sebastião Carneiro, 215, São Paulo, SP
www.rosacruzaurea.org.br

Sede em Portugal
Travessa das Pedras Negras, 1, 1.º, Lisboa, Portugal
www.rosacruzlectorium.org

Dados Internacionais de Catalogação na Publicação (CIP)
(Câmara Brasileira do Livro, SP, Brasil)

Rijckenborgh, J. van, 1896–1968.
O mistério das bem-aventuranças / por J. van Rijckenborgh ;
[tradução: equipe de tradutores do Lectorium Rosicrucianum]. – 3. ed. rev. e corr. –
Jarinu, SP : Rosacruz, 2007.

Título original: *Het mysterie der zaligsprekingen*
ISBN: 978-85-88950-40-5

1. Bem-aventuranças 2. Cristianismo 3. Gnosticismo
4. Jesus Cristo – Interpretações rosacrucianistas 5. Ocultismo
6. Rosacrucianismo 7. Sermão da Montanha I. Título

07-4608 CDD-135.43

Índices para catálogo sistemático:

1. Bem-aventuranças : Sermão da Montanha : Interpretação rosacruz : Esoterismo 135.43

Todos os direitos desta edição reservados à
EDITORA ROSACRUZ
Caixa Postal 39 – 13.240-000 – Jarinu – SP – Brasil
Tel. (11) 4016.1817 – FAX (11) 4016.5638
www.editorarosacruz.com.br
info@editorarosacruz.com.br

Sumário

Prefácio

O mistério das bem-aventuranças é a compilação de uma série de palestras proferidas por J. van Rijckenborgh num templo da Escola da Rosacruz na cidade de Haarlem (Holanda) durante a Segunda Guerra Mundial. Apesar das interdições e perseguições ocorridas nesse período, a Escola da Rosacruz permaneceu fiel a sua vocação e a seu dever e transmitiu incógnita, sob o véu da ilegalidade, a magistral e maravilhosa mensagem da Fraternidade* Universal ao público.

Acreditamos ser nosso dever colocar agora ao alcance do público uma edição revisada e ampliada de *O mistério das bem-aventuranças,* visto que as sombras da próxima noite cósmica tornam-se cada vez mais nítidas e escuras. A cada dia, elas avançam mais sobre o mundo e a humanidade, e a pobreza, os embustes, a ilusão e a lamentável influência de falsos valores que impedem milhares de pessoas seriamente empenhadas em levar uma vida realmente libertadora são desmascarados por toda parte.

As dissertações contidas neste livro lançam clara luz sobre a senda nônupla que, do alto da Montanha Sagrada, é indicada aos verdadeiros buscadores da salvação. Essa senda está aberta e acessível a todos os que compreendem o chamado e, ansiando sinceramente pela luz redentora, estão prontos a satisfazer com alegria suas exigências para alcançar a libertação.

Que inúmeros reconheçam esse caminho para a vida e o trilhem, em completa rendição, até a vitória!

I

Bem-aventurados são os pobres de espírito, porque deles é o reino dos céus — I

E Jesus, vendo a multidão, subiu a um monte, e, assentando-se, aproximaram-se dele os seus discípulos.

Como sabeis, assim começa o Sermão da Montanha. Nós o encontramos não apenas no Evangelho de Mateus, mas também, sob outras formas, nas escrituras sagradas de todos os tempos. Embora o tempo, o lugar e os personagens sagrados que o exprimiram tenham sido diferentes, o conteúdo é sempre o mesmo.

A montanha é um símbolo magnífico do caminho que conduz das trevas à luz. Sua base está na terra, e seu cume se eleva até o céu. Está perfeitamente claro que essa montanha — de cujo cume sagrado ressoa o Verbo da libertação — é, antes de tudo, uma imagem do corpo-vivo sétuplo de um desenvolvimento gnóstico.

Jesus, o Senhor, é o sublime, o perfeito, o irmão liberto que fala à multidão que se encontra no corpo-vivo. Ele se dirige a seus discípulos.

A palavra "discípulo" significa, entre outras coisas, "novato". Essa é a razão pela qual o Sermão da Montanha é dirigido a todos os que começam a percorrer o verdadeiro caminho e, em relação aos libertos, aos mais antigos, ainda são os "novatos".

Portanto, o Sermão da Montanha é muito importante para todos os que se encontram no corpo-vivo da jovem Fraternidade gnóstica. Encontramos nele o plano geral do comportamento que indiscutivelmente deve conduzir à grande meta. Além disso, esse importante sermão começa com uma maravilhosa consolação, a saber, com as "bem-aventuranças". Nove vezes é dito "Bem-aventurados são...". Não bem-aventurados *tornar-se-ão,* mas *são!* Ora, a bem-aventurança é o estado de suprema felicidade, de verdadeira libertação.

Naturalmente, num corpo gnóstico se encontram muitos discípulos. Eles estão a caminho da casa do Pai; e todos, já no curso de sua peregrinação, são saudados nove vezes por um "Bem-aventurados são...", com ênfase no *são.* Encontrar-se no corpo-vivo da Escola — como aluno sério, naturalmente — torna a libertação um fato. Esta é a característica da vida gnóstica: ela não *trará* a felicidade suprema, não sugere a idéia de uma felicidade futura, mas *é* felicidade, *é* bem-aventurança.

Por isso, o gnóstico — e isso a história comprova — é sempre um homem feliz, a despeito do que lhe possa sobrevir na natureza da morte. Sua certeza não lhe é sugerida por um psicanalista que lhe diz: "Você é feliz". Não. Sua certeza vem da experiência que o faz dizer: "Estou no caminho, e, enquanto avanço, a luz vem ao meu encontro, me envolve e me penetra e nunca mais me abandona, nem de dia nem de noite. A rosa floresce e exala suave perfume! Sigo o caminho das rosas, para o qual a luz me atrai, me conduz e me guia!"

Quem vive com base nessa experiência pode, por acaso, não ser feliz? Ele não pode ser prejudicado por sua marcha através das profundezas dos tempos. E todos nós podemos experimentar conscientemente essa felicidade e nela permanecer desde já! Para isso, é preciso ansiar pela luz com verdadeira aspiração interior, com todo o ardor do ser! Não pelo querer ou pensar ou sentir, porém com um anseio de vosso estado de sangue, com um impulso ao qual todos os órgãos e as atividades da inteligência devem submeter-se.

Assim, a primeira bem-aventurança torna-se uma realidade para vós: "Bem-aventurados são os pobres de espírito, porque deles é o reino dos céus". A partir desse momento, os átrios do novo reino estão amplamente abertos diante de vós!

Vinde para a luz, não hesiteis por mais tempo!

Tomai do fogo – e sede livres!

2

Bem-aventurados são os pobres de espírito, porque deles é o reino dos céus — II

Um dos pilares da revelação gnóstica de salvação é o conhecimento claro da existência de duas ordens de natureza. Uma é a que conhecemos, onde vivemos, à qual pertencemos e que compreende duas metades: uma deste lado e outra do outro lado do véu, as quais, em conseqüência do desenvolvimento das coisas, confluirão cada vez mais. A outra ordem nós não conhecemos, não vivemos nela e não podemos sequer imaginar suas leis. A maioria dos homens não tem a menor idéia de sua existência.

A filosofia gnóstica denomina a ordem natural que conhecemos ordem *dialética,** sob cujas leis tudo se transforma perpetuamente em seu oposto. E a outra, a que não conhecemos, é a ordem *estática,* que possui características totalmente diferentes da ordem dialética. É uma ordem eterna, um eterno vir-a-ser, um estado absoluto regido por leis naturais e espirituais completamente diferentes.

A filosofia gnóstica indica essa ordem de natureza desconhecida como a verdadeira ordem de natureza incluída no plano de Deus, o verdadeiro mundo do homem, onde ele vive em estado de bem-aventurança, de sublimidade; não sem um corpo material, como na existência no outro lado do véu da morte, mas de posse de um corpo material glorioso.

O homem — nós e nossos semelhantes no plano dialético — caiu desse mundo absoluto e encontra-se numa ordem de emergência caracterizada em todas as suas manifestações por uma relatividade absoluta que tudo domina e da qual inevitavelmente surgiu a dialética.

Diametralmente opostas, essas duas ordens de natureza estão compreendidas num único globo, a nossa mãe-terra, que, na ilimitada série de mistérios que nos cercam, é um dos mais importantes.

Há alguns anos, tentamos provar que a ordem de natureza desconhecida deve ser compreendida como um aspecto do nosso globo. A esse respeito, as descobertas da ciência e especialmente a teoria da relatividade, de Einstein, se aproximam da Doutrina* Universal. Também os estudos e as dissertações dos professores Lorentz, De Sitter e Clay sobre os raios cósmicos, as esferas de calor (estratosfera, ionosfera etc.) e o Universo em expansão e em contração ratificam a exatidão da antiga sabedoria.

Nessas considerações, denominamos a mais elevada esfera de calor, uma das camadas mais externas do nosso globo, de "domínio essencial da humanidade original", a humanidade não-caída e a regenerada. Portanto, a ordem de natureza que conhecemos deve ser vista como a esfera mais interna do globo, e nosso firmamento, como um firmamento planetário compreendido nessa esfera interior, como um reflexo extremamente enfraquecido do verdadeiro universo.

Com a ordem de natureza por nós desconhecida não nos referimos a um mundo celeste, um reino terrestre cultivado, um reino humano civilizado, mas, sim, a uma ordem absolutamente outra, um mundo totalmente outro, cujos aspectos não podem, de forma alguma, ser comparados aos deste mundo nem são o resultado de um desenvolvimento evolutivo dele. Os dois mundos de que falamos e testemunhamos são diametralmente opostos, embora estejam contidos em *um* cosmo, em *um* globo.

Quando, anos atrás, os Hierofantes da Luz confiaram aos nossos cuidados a divulgação desse ensinamento, cujos aspectos libertadores são inúmeros, ficamos de imediato cônscios de que o trabalho relativo a esse único ponto do ensinamento nos demandaria um esforço quase sobre-humano. E essa expectativa se confirmou.

De início, uma total rejeição constituiu o nosso quinhão, e poucos, pouquíssimos, apresentaram uma assimilação consciente e dinâmica.

Nossa missão consiste em formar um núcleo para a Fraternidade* Universal, que não é deste mundo, que não é desta ordem de natureza, mas que, por sua natureza e vibração, está em sintonia com a ordem divina desconhecida.

A crença nesse mundo novo, nessa *Caphar*[1] *Salama,* nesse reino da paz, não podemos dá-la a ninguém; não podemos persuadir quem quer que seja; não podemos fazê-los ver. Todavia, o trabalho da Escola Espiritual da Rosacruz moderna demonstra claramente que o ceticismo e a incredulidade não puderam impedir a formação do núcleo gnóstico que estava previsto. O ensinamento sobre as duas ordens de natureza penetrou outra vez o mundo como um toque de trombeta, porque um número suficiente de pessoas está novamente maduro para recebê-lo.

São pessoas que, tendo vivido tudo no campo do humanitarismo, descobriram que são habitantes de "Éfeso", ou seja, que estão sujeitos aos limites de uma bondade que, a cada momento, pode transformar-se em seu contrário.

São pessoas que já experimentaram o que acabamos de dizer. Em geral, são homens religiosos por natureza que compreendem que Deus jamais poderia ter concebido tal degradação e que possuem uma alma-sangue amadurecida para o ensinamento que

[1]Rijckenborgh, J. van, *Christianopolis.* São Paulo: Lectorium Rosicrucianum, 1985.

lhes abre uma perspectiva consciente e direta sobre sua vocação de filhos de Deus.

É para esses homens que falamos e testemunhamos. Para os outros, os que, pouco importa o motivo, rejeitam nossa palavra, o futuro decidirá. O que o Espírito ainda não pode revelar deve, evidentemente, ser assimilado na escola da experiência. Apenas esperamos e oramos que, se ainda não podeis entrar no campo gnóstico de colheita, apesar de não sermos irmanados espiritualmente, nosso comportamento não deixe de ser mutuamente fraternal e honesto. A história nos tem mostrado que o ensinamento e as sugestões do reino longínquo despertam em muitos dos que não o compreendem – e são numerosos – a animosidade, o ódio, a presunção e os levam até mesmo ao homicídio. As almas são maculadas e cobertas de lodo, por isso a nova e tão antiga exigência divina é transmitida a todos sem reserva, e nós, nesse aspecto, não aceitamos negociação.

Durante os muitos anos de atividade prática perante o altar de serviço, rompemos, por amor a Deus, com amizades, partimos laços por amor a Jesus, e o Espírito Santo muitas vezes nos conduziu ao caminho da solidão. E, como nos foi passada a missão de propagar pessoalmente a doutrina do reino longínquo, as feridas do tempo cravaram-se profundamente em nosso ser.

Quando a Corrente da Doutrina* Universal, por intermédio de seus servidores, emana sobre a humanidade, seu puro brasão é enlameado por acusações de todos os gêneros. E quando isso não acontece, nega-se de todas as formas a fonte divina da qual se servem os obreiros e tenta-se conspurcar a Água Viva. O eu sempre se torna perigosíssimo quando é desmascarado e logrado em suas esperanças!

A história do mundo dá-nos várias provas de que todos os trabalhadores da vinha de Deus tiveram a mesma experiência e, apesar de trazerem para a humanidade o segredo das duas ordens de natureza, não podem esperar outra sorte senão a que teve Mani, o sublime instrutor do século III, fiel e devotado servidor de Jesus Cristo. Grande parte de seus escritos se perdeu e outra parte, por instigação de Agostinho, foi raivosamente destruída pelos bispos romanos.

Mani teve a cabeça decepada, recheada com serragem, espetada na ponta de uma estaca e exposta numa das portas de uma cidade da Pérsia, a fim de simbolizar sinistramente o quanto Mani havia sido oco e perturbado!

Agostinho, um dos fundadores da Igreja romana, juntou-se aos maniqueus* e pediu para ser iniciado em seus mistérios. Mas os mistérios e os valores do reino longínquo apenas se revelam ao homem renovado e fundamentalmente transformado, e isso não acontecia com Agostinho. Ao encontrar portas fechadas por todas as partes e ver fracassar seu intento de profanação iniciática, ele, como homem dialético, inclinou-se justamente à reação oposta.

Com a insolente e desdenhosa frase: "Jamais vi coisa alguma que verdadeiramente me revelasse a presença de outra ordem de natureza", Agostinho abandonou a Ordem dos maniqueus, como lógica reação humana em vista de seu fracasso espiritual. A partir de então, dedicou-se à fundação de um reino de Cristo *nesta* ordem de natureza. Como um dos fundadores da Igreja Católica Romana, ele visava estabelecer uma teocracia terrestre, um estado clerical, que substituísse o que ele não pôde alcançar. A psicanálise não era conhecida naquele tempo, senão se teria sabido que seu comportamento posterior explicava claramente sua desilusão anterior.

A atividade de Agostinho continua, em sua forma moderna, na ordem dos Jesuítas, e assim podemos verificar que o antigo drama de Judas se vem repetindo continuamente até os nossos dias. Judas também desejou uma teocracia terrestre sob a égide de Jesus, seu mestre bem-amado. Quando Jesus declarou que seu reino não era deste mundo, Judas tentou forçá-lo.

Duas ordens de natureza, dois mundos estão compreendidos no interior do nosso cosmo terrestre: o reino original e o reino humano atual; o mundo desconhecido e o vale de lágrimas muito bem conhecido.

A grande missão do cristianismo é libertar o homem, segundo a consciência, a alma e o corpo, da ordem de natureza decaída e regenerá-lo segundo a consciência, a alma e o corpo, tendo em vista a ordem de natureza original. Essa regeneração deverá realizar-se de baixo para cima, e Jesus Cristo veio habitar entre nós para estabelecer os laços e assentar a escada de Mercúrio, para que o aluno possa retornar ao reino longínquo.

O fracasso absoluto das chamadas comunidades cristãs neste mundo é atribuído à falsa interpretação do real significado da ligação de Cristo com o mundo e com a humanidade decaída e ao fato de se tentar, sem cessar, estabelecer neste planeta um reino terrestre. Essa é a razão pela qual os que ainda podem ver e ouvir se dedicam a uma nova construção gnóstica; eles procuram realizar em si mesmos a missão de Cristo e galgar com ele a montanha, a fim de ouvir diretamente o seu ensinamento e compreender o seu programa de trabalho em si mesmos.

Sempre, desde a gênese da nossa ordem de natureza, "subir a montanha" — a montanha dos deuses, o Meru — significa tornar-se apto, ser capaz de receber determinado ensinamento ou sugestões divinas. Em todos os tempos montanhas sempre foram lugares de iniciação. Cada povo tem suas montanhas sagradas. Ainda hoje existem, e sempre existirão, montanhas santas, onde repousam os grandes do espírito. As lendas sobre as sete montanhas habitadas pelos sete espíritos — alusão às sete forças cósmicas santas, que procuram auxiliar os homens — já eram conhecidas na Antigüidade.

Essas forças cósmicas — atuando por intermédio dos profetas e dos instrutores, e irradiando com força plena através de Jesus Cristo — examinam a multidão que se aproxima, que está em busca do verdadeiro espírito, a multidão que veio à montanha e se assentou; e elas a instruem, dizendo:

Bem-aventurados os pobres de espírito, porque deles é o reino dos céus.

Não devemos banalizar as bem-aventuranças. De fato, é correto quando Ouspensky diz que o evangelho em geral, e o Sermão da Montanha em particular, não foi escrito para a massa, mas para os participantes de um círculo interior bem consciente. É bem pouco provável que a Bíblia ou outro livro sagrado contenha algo destinado aos que vivem no nível da natureza dialética.

A palavra do Senhor, livre de mácula e de intromissões teológicas, é destinada apenas aos que podem ver e compreender e aos que se encontram em determinado estado de aspiração interior. A eles é dado o conselho de ser "pobres de espírito" como primeiro estado de ser no caminho da auto-realização.

Há anos, em visita a um hospital para doentes mentais, encontramos, em um dos pavilhões, o pastor do estabelecimento em visita aos doentes. Apontando aqueles pobres farrapos humanos ali recolhidos, que haviam atingido os mais ínfimos graus da degradação humana, um estado inferior ao animal, ele nos disse: "Foi referindo-se especialmente a eles que o Senhor disse: bem-aventurados os pobres de espírito". Cheios de consternação, encaramos o pastor. Ele, porém, havia falado seriamente. Desde então não sabíamos quem seria mais digno de piedade, se os infelizes inconscientes ou se esse pastor.

Alguns críticos da Bíblia dizem que, com certeza, nos manuscritos originais do Sermão o que figurava era: "Bem-aventurados os pobres", mas que essas palavras haviam sido exploradas pelos poderosos e rejeitadas pela classe pobre e oprimida, que, por sua vez, preferia não ser bem-aventurada. Assim sendo, havia-se optado por "pobres de espírito", com o que se acomodaram as duas partes. Dizem os críticos da Bíblia e os teólogos que tal concessão foi feita para garantir o equilíbrio social.

Bem-aventurados os pobres de espírito!

Esse é o primeiro estado indispensável para quem deseja percorrer o caminho da regeneração. Os que se aproximam da montanha santa se encontram num beco sem saída neste mundo; são mortos-vivos segundo a natureza. Eles já nada esperam deste mundo, já nada desejam e não têm a menor intenção de fazer qualquer esforço no plano dialético, a não ser pagar o tributo inevitável que sua presença nesta ordem de natureza exige.

Eles suspeitam ou experimentam interiormente a existência de outra ordem que ainda não conhecem, mas que é diferente da desordem da qual tentam escapar. Ouviram o chamado e reagiram a ele; aproximam-se da fonte, mas ainda não podem beber da água viva. Por enquanto, não podem aproximar-se da nova realidade, pois ainda não dispõem das dimensões requisitadas de alma e de espírito. Seu eu parece ser nesse estado como uma ilusão. Não possuem o espírito que, segundo se diz, é imanente; possuem simplesmente uma consciência do eu, um instinto biológico equipado com um poder de pensamento. Sabem que são homens-animais.

Contudo, sentem imensa fome, uma necessidade intensa de luz e força. Procuram o espírito, lutam para descobrir esse espírito que é deles, mas que ainda lhes é negado. Aspiram ao espírito que pode emitir um novo *fiat* criador; procuram uma porta, mas ainda não podem encontrá-la. O desespero de suas almas é profundo. Eles estão abatidos e experimentam a sensação do vazio interior. São conscientemente "pobres de espírito". Perderam toda a presunção; tornaram-se homens modestos e humildes; toda a simulação foi tirada deles; sabem que são párias; reconhecem sua pobreza em relação ao espírito, bem como sua aspiração insaciável pelo espírito. Quando esse estado psicológico, nascido de sangue e lágrimas, de trevas e necessidades, portanto da própria vida, se torna absoluto a ponto de originar uma crise, o buscador é atraído para a montanha e ouve a voz, que diz: "Bem-aventurados os pobres de espírito, porque deles é o reino dos céus".

O estado de não-ser, não-querer, não-poder-ser, caminhando a par com a necessidade interior de alcançar o novo estado que se entrevê, criou a condição indispensável para forjar os liames com o reino longínquo e, no entanto, tão próximo.

Portanto, *essa* pobreza de espírito é a condição inicial do caminho da auto-realização. Esperamos e oramos que alcanceis essa pobreza e compreendais suas luminosas intenções!

Toda a vossa vaidade vencida, toda a vossa presunção desfeita, simulação do eu desaparecida, vossa demência desmascarada; humildes, mas decididos: *esse* é o estado de consciência de pobreza de espírito! *Essa* é a porta do longínquo e desconhecido reino da luz, a ordem de natureza estática!

Bem-aventurados os pobres de espírito, porque deles é o reino dos céus.

3

Bem-aventurados os que choram, porque eles serão consolados — I

O aluno da Escola Espiritual gnóstica que, do mais íntimo do seu ser, aspira à luz é um bem-aventurado. E o Sermão da Montanha prossegue o enunciado das bem-aventuranças:

“Bem-aventurado o que chora;
o manso;
o que tem fome e sede de justiça;
o misericordioso;
o puro de coração;
o pacificador;
o que sofre perseguição por causa da justiça;
o que é injuriado e perseguido por causa de Cristo”.

A aspiração ao Espírito refere-se à atitude particular do aluno perante a Luz. Mas é a segunda bem-aventurança a que melhor descreve o tipo do verdadeiro aluno: “Bem-aventurado o que chora!”

O “choro” aqui mencionado não tem ligação com o sofrimento pessoal. Com efeito, como poderia quem caminha e vive na luz andar curvado sob a própria dor? Não, esse choro é a dor que oprime o noûs* de quem sente o sofrimento do mundo e da humanidade! Esse sofrimento é tão intenso, tão pesado e tem tantos aspectos que sua descrição não tem fim.

Na natureza da morte o sofrimento é incomensurável. As lamentações, as queixas e os pedidos de auxílio de milhões de seres rasgam a atmosfera a cada segundo e convertem a voz do mundo num furacão de espanto e desespero. Por isso o grito do mundo, a voz do mundo, é um furacão de medo e sofrimento. Quem conhece algo disso vivencia o sofrimento do mundo em cada átomo de seu ser. Um grande lamento ultrapassa tal ser. Ele chora, impulsionado pela mais profunda compaixão.

Haverá ponto final para esse sofrimento? E a luz responde! A luz murmura sua consolação:

Bem-aventurados os que choram, porque eles serão consolados.

Em que consiste essa consolação? É a consolação do tornar-se lúcido e preparar-se para auxiliar verdadeiramente. Todo o sofrimento tem um fim! Há um fim segundo as leis da natureza que atinge de modo inexorável tudo o que surge e se forma no tempo, pois sabemos que o tempo tudo destrói.

Na natureza da morte, todo sofrimento, por maior que seja, um dia termina, e seu fim é representado pelo desaparecimento da personalidade. O candidato é assim consolado com a certeza da morte; porém, ainda que seja certo que a personalidade se dissolve e acaba totalmente, os resultados de sua vida são conservados no ser* aural do microcosmo,* de modo que a próxima personalidade traz inato o sofrimento!

Portanto, a certeza da morte não serve de consolo, pois a morte nada mais é que uma interrupção do sofrimento. Esse sofrimento postergado deve ser, mediante o retorno ao lar, também abolido de todos os que vagueiam nas trevas do mundo da dialética.* Para isso, o candidato recebe a lucidez indispensável, a compreensão do infatigável trabalho de salvação da Gnosis,* que remonta à origem dos tempos, continua em nossos dias e não cessará até que a última alma tenha atravessado a ponte dos suspiros e entrado no mundo em que a dor já não existe. Quem obtém a lucidez relativa ao grande plano de salvação universal e chega a contemplá-lo sabe que a eternidade é colocada face ao tempo! Então, quem poderá conservar o sofrimento? Que sofrimento poderá existir lá onde surge a luz da eternidade?

Oh, que consolação surge no discipulado quando o sofrimento do mundo é suportado!

Bem-aventurados os que choram, porque eles serão consolados.

Não se trata aqui de consolação negativa, mas de uma consolação das mais positivas! Com efeito, que aluno não se sentiria cingido por poderosa força, sabendo-se capaz de ajudar a aniquilar o imenso sofrimento dos homens e tomar parte na marcha vitoriosa a serviço do mundo e da humanidade? É-nos permitido auxiliar; devemos e podemos fazê-lo... e a vitória está, de antemão, assegurada!

Quem, dessa forma, auxilia já não definha de tristeza, já não brande os punhos num acesso de resistência às conseqüências do pecado. Quem, unido à Fraternidade da Luz, percorre o caminho da vitória ataca com mansidão as grandes causas.

E, no decorrer desse trabalho, a Estrela de Belém já brilha no alto da gruta da natividade.

4

Bem-aventurados os que choram, porque eles serão consolados — II

Sobre um túmulo aberto soam as palavras de um orador que relembra o desaparecido. Cheio de compaixão pelos que ficam, ele os envolve com a doçura das palavras outrora pronunciadas sobre a montanha. Tenta aliviar-lhes o luto, acalmar-lhes a dor com a consolação, esse bálsamo da alma. Com o coração cheio de amor e compaixão, dirige-lhes um olhar cheio de compreensão. E, de fato, ele consegue o que deseja. As cabeças se erguem, e um pouco de luz e esperança toca os corações angustiados.

É provável que semelhante consolação já vos tenha sido oferecida por um amigo, uma alma afim ou um parente, e que palavras tenham aliviado o fardo de tristezas que devíeis carregar.

Contudo, considerai que a tristeza que então sentistes nada era senão a conseqüência lógica da crueldade de uma morte antinatural que vos arrancava um de vossos entes queridos. Considerai igualmente que, em semelhante aflição, a consolação de um amigo piedoso e compreensivo e seus pensamentos amorosos não vos tornaram bem-aventurados. A consolação provinda do coração de um amigo, por mais suave e indispensável que seja, é limitada. Se a bem-aventurança proviesse de tal tristeza, de tal consolação, o mundo estaria cheio de bem-aventurados! Porque a morte bate em todas as portas, e a porcentagem dos que não têm mortos por quem chorar é relativamente mínima. Portanto, podemos estar certos de que a nossa tristeza, ainda que muito compreensível, nada tem a ver com o conceito de bem-aventurança. Gostaríamos de gravar isso em vosso coração, pois quase todos os teólogos compartilham a opinião de que a segunda bem-aventurança destina-se a aliviar as dores e o infortúnio dos homens.

Que isso seja ensinado de forma absolutamente superficial é compreensível, mas não está muito claro como semelhante ensinamento pode ser sustentado na prática da vida cotidiana. É possível que se possa atribuir a vulgarização do termo "bem-aventurança" a uma total falta de profundidade e de inteligência. Em sentido gnóstico, a bem-aventurança é um estado de paz suprema, de felicidade infinita segundo o espírito, a alma e o corpo; é uma plenitude espiritual absoluta, é o estado de felicidade espiritual. A ela nada mais se pode acrescentar. Ela é auto-suficiente, é tudo, é o próprio Deus manifestado no homem.

Ora, para as igrejas, a bem-aventurança é o estado *post-mortem* dos que, tendo deixado a vida, são admitidos na comunhão com Deus. E, na opinião da igreja, nós não antegozamos a bem-aventurança a menos que, tendo vivido segundo as normas religiosas, nos seja inculcado durante a vida o antegosto dessa bem-aventurança futura.

Compreendeis a profanação do conceito "bem-aventurança"? Em sentido gnóstico, o lugar em que se é bem-aventurado não é importante. Pode-se viver em estado de bem-aventurança no agora, mesmo em meio às maiores calamidades da terra, ao passo que, em sentido religioso natural, a bem-aventurança é pura especulação que as igrejas têm utilizado através dos séculos para tornar as calamidades suportáveis para as massas. Se, durante a vida, sois pobres e estais na miséria, se sois explorados e desprovidos de tudo, basta que apliqueis todas as invenções teológicas, e a igreja vos dará um certificado de bem-aventurança para transpordes a porta e vos reservará um lugar no céu.

Bem-aventurados os que choram, porque eles serão consolados.

Percebeis o engano em semelhante religiosidade? Compreendeis por que certos grupos sempre precisaram da igreja para alcançar seus objetivos? Compreendeis por que se tornou necessário um trabalho gnóstico agora que os primeiros clarões de um novo sol dispersam as espessas nuvens?

Vossa aflição segundo a natureza, por mais compreensível, inevitável e evidente que seja, não vos torna bem-aventurados. As consolações terrestres que recebeis de vossos amigos, parentes ou guias espirituais podem ser úteis para vós; podem dar ou reforçar em vós a coragem para viver, para que não chegueis a ponto de querer pôr fim aos vossos dias com o suicídio; podem aquecer-vos neste mundo gelado, mas não podem ser perfeitas nem absolutas. Essas consolações vos ajudam a afastar o espectro do desespero, porém ele permanece latente e, em dado momento, vos agarra pelo pescoço. Podemos corajosamente dominar nossa dor, mas as calamidades naturais que nos abatem não são, com isso, diminuídas, e a bem-aventurança continua longe de nós!

Um mar de calamidades desabou sobre a humanidade durante os anos da Segunda Guerra Mundial. Os fantasmas da calamidade que acompanham a cada momento as gerações vomitaram, como vulcão, sua lava incandescente sobre ela.

Contudo, ninguém pode pretender que essas catástrofes nos tenham tornado bem-aventurados. Quem dentre nós pôde aliviar com palavras aquele sofrimento humano? Que consolo foi capaz de fazer brilhar a esperança nos olhos dos homens? Como, após essa lamentável derrocada e essa culpabilidade flagrante das corporações religiosas, ainda se ousa falar em bem-aventurança futura?

Bem-aventurados os que choram, porque eles serão consolados.

Nessa bem-aventurança não há lugar para a tristeza segundo a natureza; aliás, para nenhuma tristeza, e a consolação com palavras, pensamentos ou ações que atua para aplacar nossa tristeza nada tem a ver com essa bem-aventurança. Para a consciência do gnóstico, isso é uma certeza absoluta.

O momento nos parece oportuno para falar sobre o humanitarismo, cujos culto e perspectivas rejeitamos. O humanitarismo nasceu da idéia e da necessidade interior de suprimir os efeitos e as causas de todas as calamidades segundo a natureza. No fundo, o humanitarismo decorre dos impulsos de consolação que germinam em nós quando percebemos o sofrimento infinito da humanidade. O humanitarismo é a bondade organizada que persegue o mal, sem jamais alcançá-lo. O humanitarismo pretende neutralizar o mal, mas através dos séculos, ficou muito atrás na corrida contra a dialética.

Há milênios, a antiga e sublime filosofia chinesa já estava profundamente convencida a esse respeito. O grande Lao Tsé explica claramente que a bondade organizada é a conseqüência de o homem ter abandonado Tao,* o verdadeiro caminho. Daí, esse grande filósofo dizer:

Sim, tropeçando, os homens giram em torno de si mesmos no exercício da beneficência; comprimem-se e erguem-se nas pontas dos pés para estabelecer a justiça e esforçam-se de todas as maneiras para estabelecer a justiça. Quem fica na ponta dos pés não se mantém ereto. Quando o Tao foi negligenciado, surgiram o humanitarismo e a justiça. Quando a sagacidade e a astúcia se manifestaram, surgiu a grande hipocrisia.

Em sua incomparável profundidade de espírito, Lao Tsé mete o machado na raiz da eqüidade, da ciência e do amor humanos. Ele desmascara a total ordem humana como uma monstruosidade antinatural na ordem de Tao. E o eco dessa verdade encontra-se na Bíblia: “A sabedoria dos homens é loucura perante Deus!”

É bastante natural que um homem um tanto elevado no culto da bondade, ao verificar o triste destino da humanidade, tente espontaneamente, em virtude do seu ser e por necessidade interior, aliviar o mal ou fazê-lo desaparecer, segundo suas possibilidades. É uma reação natural de bondade na antinatureza.

E quem teria objeções a fazer, caso estejais entre esses humanitaristas, cujo objetivo no transcurso dos séculos tem sido auxiliar e amparar a humanidade em sua dura peregrinação neste mundo?

Além do mais, seria inútil fazer objeções, visto que o homem, quando é bom por natureza e age por necessidade interior, não pode portar-se de outra forma. Essa é sua segunda natureza, e essa atitude demonstra suas qualidades inatas de bondade.

Por isso, nossas objeções contra o humanitarismo não são contra essa idéia. De coração, estamos sempre prontos a sustentar qualquer esforço humanitário nobre e necessário. Estamos prontos a reconhecer a importância muitas vezes incalculável de seus resultados, e a comunidade espiritual a que pertencemos tem dado amplo testemunho de tais esforços através dos séculos.

Mas observai que, no decorrer dos séculos, essa mesma comunidade espiritual tem demonstrado claramente que o humanitarismo aplicado, por mais aperfeiçoado que seja, incluindo seus aspectos idealistas religiosos, é desta natureza e, portanto, companheiro do mal.

O humanitarismo não traz a bem-aventurança nem a consolação absoluta, não elimina a morte nem o câncer de nosso corpo.

Em nossa sociedade, o humanitarismo tem uma tarefa a cumprir, pois a anarquia no domínio social, político e econômico do século deverá ser finalmente banida por ele. Mas, então, o que sucederá? Sucederá que, não podendo ele dar a bem-aventurança absoluta nem a consolação perfeita, a tristeza cinzenta e enlutada segundo a natureza continuará a existir em suas formas de há muito conhecidas e, até mesmo, com muitas inovações.

Em algumas fases da pré-história, a humanidade conheceu civilizações altamente humanistas. Elas sucumbiram, porque a lei desta natureza é dialética. Se não compreendeis isso, se vosso pensamento não pode ir mais a fundo, então continuai a aprender na escola da experiência.

Quanto a nós, dizemos: Em virtude de vosso estado de ser, sede espontaneamente humanos. Para atenuar os danos causados pela desordem dos tempos atuais, não vos negueis a um trabalho humanitário quando o encontrardes em vosso caminho e fazei-o na medida em que vos for permitido. Todavia, vede tudo isso como a linha de conduta natural que flui do íntimo de vosso ser e, ao mesmo tempo, concebei plenamente que o longínquo reino do qual Jesus Cristo nos fala, isto é, Tao, não é deste mundo, não é desta natureza.

Além do humanitarismo natural, que jamais nos liberta desta natureza, devemos possuir uma outra consciência, um outro estado de alma e de corpo, que não é da natureza deste mundo. Essa deverá ser a orientação básica de vosso ser. É sobre ela que deve centrar-se vossa razão; tudo o mais será um reflexo de vossas ações. Quem, em Jesus, o Senhor, escapa da natureza, é evidentemente humano nesta natureza, porém não considera esse humanitarismo como capital e libertador.

Bem-aventurados os que choram, porque eles serão consolados.

Se o homem-Deus que fala sobre a montanha não é um demagogo, se a bem-aventurança não pode decorrer da tristeza, se a consolação natural não pode anular a tristeza nem proteger contra o progresso das calamidades, então que sentido dar a essa bem-aventurança que mediante a razão e a moral deseja ser tomada pela palavra divina enviada pela eternidade?

Há uma aflição, uma tristeza que não deriva desta natureza. Nessa tristeza encontram-se os que são dignos de ser elevados ao cume do monte das bem-aventuranças, os que, em nome do longínquo reino, trabalham neste mundo para guiar a revolução espiritual — a regeneração que leva à Luz, ao Tao — e para chamar os homens, indicando-lhes a verdadeira missão de bondade, verdade e justiça que têm de realizar no mundo. Há uma falange de trabalhadores, servidores e obreiros amigos da humanidade espalhados pelo mundo inteiro fazendo um esforço sobre-humano para gravar de forma indelével nos homens os princípios da natureza divina. Experimentar a dificuldade com que esse trabalho avança aflige-os e entristece-os. Os resultados não são, de modo algum, proporcionais aos esforços envidados. Mas essa aflição não provém de nenhum sofrimento segundo a natureza.

Não se trata de prantear amigos ou parentes mortos, nem mesmo de deplorar as calamidades que desabam sobre o mundo e provocam intensa tristeza. Não, o sofrimento intenso dos obreiros advém do abismo que existe entre o valor de sua oferenda e a forma como é recebida. Com as mãos cheias, esses trabalhadores oferecem gratuitamente aos homens os mais magníficos e redentores tesouros espirituais, uma felicidade incomparável, uma graça divina, uma sabedoria absoluta e libertadora, a chave do sentido da vida, e, no entanto, aqueles de quem se aproximam lhes dão as costas, rejeitam-lhes as dádivas, e ainda mais: acham esse trabalho inconveniente e perigoso para sua tranqüilidade de espírito.

Sua aflição nasce da comprovação de que, em muitos, a consciência ainda é demasiado primitiva, o sangue muito denso e a visão obscura para perceber e assimilar. Nasce de ver os homens se ferirem, dilacerarem e estafarem a correr atrás das sombras que o mundo oferece, enquanto, por ignorância, desdenham o único necessário. Todavia, compreendei-nos bem! A tristeza dos obreiros não vem da oposição, da reação e suas conseqüências, tampouco dos golpes, moeda corrente que inevitavelmente acompanha o santo trabalho. Não! Sua aflição vem do fato de os homens possuírem um poder de assimilação defeituoso e adulterado pela astúcia e pelos estratagemas da consciência do eu e serem incapazes de ver a verdadeira felicidade.

É a aflição que se sente diante da rejeição do amor absoluto. É a aflição de Cristo, o véu de tristeza que encobre sua manifestação-Jesus. É a aflição de Jesus Cristo que, no Monte das Oliveiras, estende os braços e diz: "Jerusalém, Jerusalém, [...] quantas vezes quis eu ajuntar os teus filhos, como a galinha ajunta os seus pintos debaixo das asas, e tu não quiseste!"

Bem-aventurados os que choram, porque eles serão consolados.

Que significa essa bem-aventurança? Como compreender o consolo que ela traz? Lembrai-vos de que bem-aventurança é um estado da mais alta libertação; é a suprema felicidade, no sentido absoluto.

Quando, por Jesus Cristo, pela vibração de Cristo de nossos dias, as palavras "Bem-aventurados os aflitos" são ditas sobre a montanha, sabemos que a causa de nossa aflição será arrebatada, que a aura de tristeza e melancolia que nos envolve desaparecerá e que nosso trabalho atingirá interiormente sua maior confirmação, sua mais profunda felicidade. Os irmãos e as irmãs na vinha sabem que a bem-aventurança nascerá no trabalho, do trabalho e pelo trabalho. Não se tratará mais de uma simples experiência individual, pois ela se tornará impessoal e será a felicidade absoluta acessível a muitos!

Ora, essa é a consolação que elimina a aflição. É o humanitarismo divino. É o amor de Deus pelos homens. É o amor de Deus que ultrapassa toda a compreensão. A bem-aventurança está no presente, tanto no hoje como no amanhã. É um estado de desenvolvimento que resulta do verdadeiro trabalho libertador. É um crescimento de baixo para cima. Todo aflito certamente já teve em sua vida provas da bem-aventurança quando, no caminho do serviço, pôde voltar sua alma para a luz.

E onde a realidade do estado de bem-aventurança ainda não está em equilíbrio com o resultado do trabalho, o consolo vem: o consolador divino, reanimando seu servidor fatigado, abatido, esgotado, revigora-o com uma energia nova, para que ele, com a cabeça erguida, continue a trabalhar, a afligir-se e, ao final, veja nascer a nova realidade: o Tao eterno!

Bem-aventurados os que choram, pois eles serão consolados.

Esse é o segundo estado de ser no caminho do serviço.

5

Bem-aventurados os que choram, porque eles serão consolados — III

Com base nas bem-aventuranças do Sermão da Montanha, analisamos dois estados de ser no caminho da regeneração da consciência, da alma e do corpo. Vimos que a pobreza de espírito se relaciona com o conhecimento das duas ordens de natureza: o mundo em que vivemos e outra ordem mundial, divina, gloriosa e concreta que não conhecemos, mas que está incluída no interior do nosso cosmo planetário.

O aluno que no caminho penetrou o segredo da existência de um reino de luz tão longínquo e, no entanto, tão próximo, e que na ordem do mundo decaído adquiriu conhecimento de seu eu segundo o sangue, a alma e o corpo, chega à conclusão de que em seu ser predomina intensa pobreza, profunda solidão espiritual. Ele se encontra ante um erro magistral, ante uma falência incontestável e absoluta e toma consciência de tudo isso. Percebe o jogo sinistro do bem e do mal, e ainda que sua constituição o sujeite às leis da ordem do mundo decaído, ainda que seja forçado a inalar o oxigênio indispensável para viver e, com ele, os miasmas que envenenam o ar, ele empreende a despedida a esta vida fragmentada.

Entretanto, ele está *no* mundo! Ele é *deste* mundo! Ele não pode negar o mundo nem suas leis e, embora perceba claramente sua pobreza, sua impotência, sua existência tortuosa, ergue agora a fronte, sabendo que há outra ordem mundial e, com o resplendor fulgurante da compreensão em suas artérias, decide positivamente: "Já não quero pertencer a este mundo!"

Então, ouve as chacotas escarnecedoras dos sábios segundo a natureza, que, do alto de sua pretensa sabedoria, erguem os ombros e olham piedosamente o estranho irmão que já não quer permanecer no hábito, já não quer se deixar arrastar como um joguete pelas correntes naturais. "Pobre tolo!" – é o que dizem dele.

Mas, por acaso ele não é? Ele deseja um mundo que ninguém, nem ele mesmo, conhece! Não será um caçador de quimeras? Quão inexperiente ele é! E que exaltação! É mesmo um tolo! Provavelmente um puro, mas, então, um tolo puro, um Parsifal! E os demais o exortam, rogam-lhe que abandone seus sonhos, suas quimeras.

Já passastes por semelhante experiência? Sabeis, portanto, que não podeis abandonar tranqüilamente a natureza quando decidis dizer adeus a ela! Tudo se passa como se formidáveis poderes terrestres tentassem reter-vos, a vós particularmente. Os adversários são mobilizados, trabalhando às vezes por intermédio de vossos amigos pessoais, a fim de impedir vossa partida, tornando as coisas difíceis para vós.

Então, nesse caos de tensões, dúvidas e angústia, a iluminação espiritual vem! E as palavras ressoam sobre a montanha: "Bem-aventurados os pobres de espírito, porque deles é o reino dos céus!"

O tolo segundo a natureza é inflamado na luz crística. A graça de Deus o faz entrar em ligação direta e positiva com o reino da Luz há tanto tempo pressentido, mas nunca vislumbrado. O peregrino torna-se um possuidor. Esse é o primeiro estado de ser no caminho da regeneração. Ele se aproxima da fonte e retira gratuitamente a água da vida.

Contudo, não continua ele na mesma realidade fragmentada? Estará ele livre, a partir de então?

Sim, e não! Por sua ligação com a luz, ele é agora um bem-aventurado, um liberto, porém terá de vivenciar essa eternidade, essa bem-aventurança, essa plenitude, *no tempo*. Isso quer dizer que a ordem divina estática agora possui um foco no aluno que está na ordem dialética. A luz impele esse aluno a dedicar-se a romper e renovar, de baixo para cima, os aspectos desta ordem decaída, para que, através dele e de seus semelhantes, a eternidade penetre no tempo como uma revolução divina iniciada, continuada e finalizada por cérebros, corações e mãos humanos. É que, segundo a ordem cósmica, Deus jamais se opõe à sua criação, mas seu desejo é que sua criação brilhe e triunfe através de sua criatura!

Eis por que, de um ponto de vista superior, o aluno que se elevou ao primeiro estado de ser — no mundo, porém já não do mundo — encontra-se em um estado afortunado.

Entretanto, compreendei bem essas palavras! Tão logo o aluno tenha se ligado, consciente e diretamente à eternidade e à bem-aventurança no tempo, uma reviravolta opera-se nele.

Ele, o estrangeiro no mundo, que disse adeus a esta natureza, volta agora para o mundo e nele se lança. Assim como o mineiro no fundo da mina escava e abre uma galeria, o aluno abre caminho através do mundo, inteiramente guiado por sua missão: herdar o reino terrestre por meio da nova bondade, da nova verdade e da nova justiça de que ele próprio está impregnado.

A eternidade deve ser estabelecida no tempo, e esta esfera inferior da ordem decaída deve ser purificada para que nosso cosmo planetário novamente se afine com o coro das estrelas.

Mas, ai! Como é duro, pesado, desencorajador e quase desesperador esse trabalho começado com tanto entusiasmo e com indizível felicidade. As mãos dos homens agarram-se à natureza, e, quando os nós são desfeitos, eles permanecem cegos e, caso enxerguem, não podem caminhar...

O clássico e tenebroso inimigo sempre semeia o joio no campo preparado, e os espelhos se inclinam a tal ponto que já não refletem luz, mas caricaturas. A construção ameaça ruir, o maldito ataca os muros, e as fendas aparecem.

O trabalhador deve estar em toda parte ao mesmo tempo, e, nos momentos de maior perigo em que o trabalho exige toda a sua vigilância, sua atenção é desviada de forma consciente, organizada e refinada. Então, o aluno deve demonstrar que, no tempo, leva a bem-aventurança como posse sangüínea. Sim, porque quando ele já se encontra mortalmente fatigado, abatido pela aflição, quase vencido, sua natureza o aconselha: "Homem, deixa disso!" E o tentador diz: "Os homens são cães covardes, assassinos. Deixa-os morrer em sua própria imundície. Vive na luz que possuis!" Porém, a lei do amor universal do longínquo reino diz: "Meu irmão, minha irmã, persevera apesar de teu sofrimento!"

Eis aí o dilema, a prova! Trata-se de saber se a lei do amor universal vive no sangue do coração do aluno como posse incontestável. Seguir uma lei implica sempre em limitação, ao passo que ser a lei em si mesmo significa ser autônomo e totalmente livre. Admitamos que o aluno saia de seu dilema e siga com firme decisão interior: "Apesar da dor amarga, eu me manterei firme, porque a lei do amor universal se realizou em mim". Podemos, então, perguntar: "Como se poderia esperar ainda algum êxito, se o aluno já se ofereceu no altar do sacrifício com todas as suas possibilidades e talentos e, mesmo assim, não obteve resultados libertadores? Como pode o aluno sair de seu estado de aflição?"

O segundo estado de ser no caminho da regeneração resolve essa dificuldade. Esse estado é expresso pelas palavras:

Bem-aventurados os que choram, porque eles serão consolados.

A cristalização no caminho do serviço devido à natureza que, por força de sua essência, rejeita o Espírito, é compensada pela consolação que vem do longínquo reino da Luz. Essa consolação é o bálsamo de Gilead que, melhor que todos os pensamentos e preces, cicatriza as feridas, consolida as energias e sustenta o trabalho empreendido.

Essa consolação é a força de Cristo, uma vitalidade com múltiplos aspectos que transforma a fraqueza do aluno em força invencível.

Essa consolação das bem-aventuranças gera um número infinito de novas possibilidades que demonstrarão seus aspectos gloriosos no caminho do serviço.

Somente agora o aluno está perfeitamente preparado. Seu objetivo, sua tarefa e sua vocação estão agora, no tempo, fundamentados em duas colunas, nos dois pilares invencíveis do verdadeiro templo: Boaz e Jaquim. O aluno não recebeu esses pilares de presente! Eles foram construídos de baixo para cima. Sim, enquanto manejava a pá de pedreiro, o aluno sorria e, com cantos de alegria, via erguer-se a branca construção. Entretanto, a maioria das pedras foi cimentada com argamassa molhada em lágrimas. Quantas vezes não foi preciso demolir e tornar a fazer, pois ele verificava com o esquadro e o prumo que as paredes não estavam alinhadas.

Mas, agora, o sol irrompeu sobre a obra completa e terminada! Sim, em verdade, os que semeiam no pranto colherão na alegria e herdarão o reino terrestre.

A eternidade vencerá o tempo!

6

Bem-aventurados os mansos, porque eles herdarão a terra

Depois de alcançados os dois primeiros estados de ser e as respectivas condições prévias — a construção dos dois pilares — a próxima bem-aventurança indica o correto caminho que conduz à vitória e segundo o qual se deve agora trabalhar.

Por isso repetimos que o Sermão da Montanha e em especial as bem-aventuranças se destinam aos que querem percorrer o caminho da tríplice regeneração ou deram os primeiros passos de maneira positiva.

Bem-aventurados os mansos, porque eles herdarão a terra.

Essas palavras pronunciadas na montanha são uma citação do Salmo 37, versículos 10 e 11, em que é dito:

"Pois ainda um pouco e o ímpio não existirá; olharás para o seu lugar, e não aparecerá. Mas os mansos herdarão a terra e se deleitarão na abundância de paz".

O que significa mansidão? Deveis compreender essa palavra à luz das explicações precedentes.

Mansidão é a coragem absoluta, que nada força, que nada poderia forçar em virtude do estado interior do aluno. A primeira coluna é a ligação com o reino, e a segunda é a força para executar o trabalho. Essa dupla graça de Deus deve ser estabelecida na natureza com mansidão, com a qual a grande vitória deve ser alcançada.

A coragem segundo a natureza é sempre forçada porque, quase sempre, é um impulso. Agindo com a coragem da natureza, o homem se assemelha a um ladrão. A coragem segundo a natureza sempre fere; ela é dilacerante e destruidora.

Mas a coragem nascida da ordem espiritual de Jesus Cristo é o resultado de um novo equilíbrio da vontade.

O manso não deseja um imediato sucesso resplandecente porque sabe que tal brilho desaparecerá depressa. O manso não se desencoraja quando o resultado permanece distante ou quando seu campo de trabalho é envolvido pelas forças satânicas, pois ele vê detrás de tudo o objetivo brilhando como um sol que nunca se põe. Por isso, enquanto segue seu caminho e busca sua meta, ele continua com coragem silenciosa e indissolúvel, sem dar atenção aos resultados iniciais.

A coragem nascida de um espírito renovado é sempre impessoal, desprovida de qualquer crítica e não se apega às coisas secundárias. Quando alguém diz: "Como é cinzento seu campo de trabalho!", o manso responde: "Você tem razão, mais cinzento é quase impossível". E, então, mais decidido que nunca, ele prossegue. Ele não se desencoraja, porque vê por detrás de tudo o brilho da vitória. Ele herdará a terra. Nada menos que isso! Ele não dá atenção nem aos rumores bons nem aos maus, ao que possam pensar dele e de seu trabalho, ou se alguém chora ou ri ou como reagirão e o que farão de seu trabalho. Ele herdará a terra.

Em nome da eternidade, o manso brilha no tempo como uma luz suave e calma; e a consolação de Cristo é o combustível que não cessa de afluir para ele com regularidade constante.

Seria o manso, então, um místico negativo, cujo único desejo é brilhar no aqui e sonhar com o depois? Não! O manso-segundo-o-espírito é de outro gênero! Quando o sombrio inimigo clássico ataca o seu campo de trabalho, transformando sua obra em uma caricatura ou semeando joio entre o puro trigo, então a sua estratégia e a sua luta são diferentes da coragem segundo a natureza.

O manso é impessoal, isto é, ele não ataca o sombrio inimigo nem se deixa deter, porém redobra suas energias, negando o mal e suas sugestões. Ante a desarmonia da natureza, ele coloca a harmonia do divino país da luz.

Espalhar a inquietude e o desentendimento ou dividir para reinar é um velho método jesuítico para destruir internamente o trabalho do campo adversário. Quando isso acontece, a inclinação natural da maioria das pessoas é tentar curar esse foco de infecção pelo método da antipatia.

Contudo, o manso envolve o maléfico foco da infecção com sua simpatia impessoal e não com antipatia pessoal. Envolve-o com o fogo de seu amor e persevera em seu trabalho, permanecendo impassível. Assim, o foco da infecção deve desaparecer como neve ao sol.

Eis o que diz o Salmo 37, versículo 10: "Pois ainda um pouco e o ímpio não existirá; olharás para o seu lugar, e não aparecerá". Encontrais essa passagem nas antigas edições da Bíblia sob a indicação de "vau".

O significado da letra hebraica vau nos ensina que existe uma força que separa a virtude e o vício; que existe uma lei divina que acompanha a luz e que, impessoalmente, em virtude de seu ser, separa o escuro, a maldade e a inverdade do virtuoso e do verdadeiro.

Se o verdadeiro atacasse e combatesse a inverdade, estaria criando uma ligação com o mal e estabelecendo uma relação mútua. Além disso, haveria uma conseqüente ligação entre o aluno e a natureza, o que o desviaria de seu trabalho e o extraviaria na agitação dos tempos.

Contudo, agora, como verdadeiro aluno, estando na eternidade, nenhum mal pode alcançá-lo.

Ardendo qual vela no Templo Universal, guiado pelo princípio da "não-reação", ele vê seus adversários, seus inimigos, afastados pela espada do amor: "olharás para o seu lugar, e não aparecerá".

Todavia, o sombrio inimigo não se dá por vencido, e caso abandone a tentativa será para retomá-la sob outra forma, na qual sofrerá nova derrota.

Nascidos da ordem espiritual de Jesus Cristo, os mansos herdarão a terra e regozijar-se-ão em grande paz.

Tende a coragem, amigos, de ser mansos! Travai vossa batalha com o auxilio do flamejante fogo do amor impessoal. Nada forceis e não sejais agressivos. Deixai a mansidão realizar o milagre da vitória.

Bem-aventurados os mansos, porque eles herdarão a terra!

7

Bem-aventurados os que têm fome e sede de justiça, porque eles serão fartos — I

Essas palavras soam como se fossem um grito do coração do homem moderno, sobretudo quando se pensa nos anos da Segunda Guerra Mundial. Com efeito, àquela época, havia uma multidão de famintos e sedentos de justiça.

Num período de cinco anos, essa sede e essa fome de justiça haviam-se transformado em febre que corroía os nervos e o coração dos homens abatidos e atormentados pelas privações materiais, enquanto a escassez de alimentos debilitava-lhes o corpo.

Muitos dentre vós sonharam também seus sonhos de justiça e, em vossos debates, discutistes durante horas a maneira pela qual, segundo vós, essa justiça poderia ser realizada. Em vosso mundo de fantasia vós vos arrogastes, com prazer, o direito de exercer a justiça e pronunciar sentenças.

Sim, decididamente todos nessa época sentiam fome e sede de justiça! Porém, tendo essa ânsia por justiça sido mais ou menos saciada, participastes, porventura, dessa bem-aventurança, desse estado de paz suprema e de felicidade espiritual? Inegavelmente, sentíeis fome e sede de justiça, porem vos perguntamos: sentíeis essa fome e essa sede também antes do grande incêndio mundial, quando ainda vos deleitáveis na abundância e nada vos faltava? Sentíeis essa fome e essa sede quando os desempregados, que eram os pobres daquela época, podiam ainda viver na abastança, comparando com a situação dos últimos anos de guerra? Passastes vós também noites e noites em claro, atormentados pela fome de justiça? Tremíeis de indignação ao pensar na injustiça deste mundo?

Não é verdade que, antes da guerra, a maioria de vós estava mergulhada numa paz tranqüila, liberal e burguesa? Não qualificastes de "rebeldes" os que, à época, erguiam a voz pedindo justiça?

Passastes, por acaso, alguma noite sem dormir por um segundo que fosse ou ficastes comovidos devido à fome de justiça de tantos outros? Não opusestes aos seus apelos por justiça uma fria indiferença? Ou ainda, insulto pior, não os ouvistes com essa complacência polida, de bom-tom, cuidadosamente estudada, mas vazia e pérfida, enquanto vosso coração continuava completamente intocado?

Já vos ocorreu que as causas do presente devem ser procuradas no passado? Reconheceis que não tínheis nem tendes o menor direito de falar de direito quando no passado não vos importáveis em saber se reinava a injustiça, já que, até aquele momento, ela jamais havia atravessado a soleira de vossa porta? Aceitais a idéia de que concorrestes em boa medida para que se desencadeasse a injustiça presente e passada e que, por conseqüência, sois co-responsáveis?

Como muitos outros, e durante anos, negligenciastes ou ignorastes o direito neste mundo, considerando como agitadores e tolos idealistas os que o buscavam!

Sem julgar rigidamente, o mínimo que se pode dizer é que algo não estava em ordem com o forte impulso de justiça de muitos, pois ele estava mais ou menos afetado pelo egoísmo. Ou se vos vistes em apuros, vosso eu fora atacado: daí vosso desejo de "justiça"!

Bem-aventurados os que têm fome e sede de justiça, porque eles serão fartos.

Muitas pessoas têm absoluta certeza de que possuem o desejo de justiça há muito tempo! Tentaremos abalar essa convicção. Deveis fazer vossa própria psicanálise! Na maioria dos casos, verificareis, inegavelmente, que vosso impulso de justiça nasceu de uma injustiça pessoal que não pudestes superar.

De fato, a experiência pessoal concorre diretamente para a formação da consciência, mas nem sempre é o melhor mestre. Os contratempos de nossa vida social, as dificuldades com os amigos e com a família, nossa saúde e muitas outras causas que atacam o imaginado estado real do ego podem induzir-nos a clamar por justiça. Algumas vezes, nosso estado pessoal está em concordância com certa idéia de direito que abre perspectivas satisfatórias para nosso ânimo abalado.

A ligação com um ou outro movimento espiritual, por exemplo, tem freqüentemente como base uma desilusão inicial do eu. Mas, tão logo o eu experimente desilusão no referido movimento, o interesse enfraquece, e a idéia de direito se retira de sua consciência, porque o sangue já não pode retê-la. De fato, tal idéia torna-se um obstáculo, e o eu parte em busca de outras ligações.

Percebeis que em todos esses casos não é nem a fome, nem a sede de justiça, nem a realização de uma idéia de justiça que prevalecem, mas sim a procura de uma satisfação do eu? E quando essa satisfação não vem, quando o desejo já não pode ser estimulado, então a idéia pode muito bem ir para o diabo, junto com os que a apregoam. Dá-se o toque de retirada! Não se trata de uma atitude honesta, porém do ponto de vista psicológico é perfeitamente explicável. O rei eu, então, em farrapos, segue seu caminho cheio de si, cheio de importância. E sua partida não é lamentada.

Sem julgar rigidamente, podemos concluir, nesse caso, que havia algo errado com a poderosa idéia de justiça: faltava a desejada satisfação do eu!

Muitos de vós crêem que sua inclinação para a justiça já existia há muito tempo, e, depois de ter-vos examinado pelo método psicanalítico recomendado, não encontrastes nenhum desapontamento inicial do eu na origem desse desejo de justiça. Vosso estado de consciência gerou um instinto de retidão moral-racional. Mas, perguntamos: que podemos fazer com nosso instinto de justiça num mundo tão caótico? Que direito é direito? Não é verdade que o que representa o direito mais elevado para uns representa para outros uma perfeita injustiça? Não foi o direito torcido em numerosas direções? E, então, o eu prevalece outra vez, embora, talvez, não seja o vosso próprio eu o principal ator, e, sim, o do vizinho.

Sabeis que há pessoas a quem interessa que certa forma de direito seja mantida no mundo, pois foi sob essa mesma forma de direito que elas próprias se elevaram. Porém, esse mesmo direito, tendo sido a causa do declínio de outros, dá origem à luta em nome do direito: o direito dos interesses adversos!

Ora, o direito que fez alguns avançar não era um direito humano? E não é o direito reclamado por outro, do mesmo modo, um direito humano? Não é verdade que quem está por baixo serve de capacho para quem está em cima? Eis, em realidade, a lei da dialética!

Bem-aventurados os que têm fome e sede de justiça.

Como já dissemos, há quem nasça com tendência à retidão moral-racional. É essa a retidão que os torna bem-aventurados? Duvidamos disso.

Todos nós, ao nascer, herdamos as tendências que os nossos pais carregam no sangue. Daí, o ditado popular: Tal pai, tal filho. Possuímos, portanto, os instintos de justiça dos nossos ancestrais, pois somos desta natureza e nela nos encontramos. Naturalmente, há uma cultura nesse instinto de justiça, um refinamento, mas um refinamento que apenas pode levar a uma crise, para, depois, transformar-se em seu oposto. Aqui também nos defrontamos outra vez com a dialética, com a qual tantos homens se têm iludido através dos tempos.

Bem-aventurados os que têm fome e sede de justiça.

Qualquer pesquisador consciente deve chegar inevitavelmente à conclusão de que a fome e a sede de justiça, compreendidas segundo esta natureza, não são libertadoras sob nenhum aspecto, tampouco podem ser dissociadas da ilusão do eu, nada tendo, portanto, a ver com a bem-aventurança.

E mais uma vez afirmamos: as bem-aventuranças são destinadas a entidades de envergadura espiritual diferente das que pertencem a este mundo.

O direito divino apenas pode ser compreendido quando o homem consegue contemplar o plano de Deus para o mundo e a humanidade; quando, pelo conhecimento* de primeira mão, ele toma consciência do estado primordial da onda de vida humana. Quando essa realidade superior brilhar diante de sua consciência, impregnar sua compreensão e o fizer sair de sua ignorância, o efeito incontestável será fome e sede intensas dessa justiça. Fome e sede não são desejos, mas necessidades que sentimos e sofremos no corpo. E essas necessidades, quando não satisfeitas, têm como conseqüência o fim absoluto.

Assim vemos, na verdade absoluta, no direito absoluto, o iluminado, o ser humano que pode contemplar a profundeza do Universo divino e ainda se encontra numa contranatureza, num mundo cuja ordem e disposições são exatamente o oposto de sua contraparte divina.

Esse homem, sublimado em Deus e vivendo no divino, muito naturalmente sentirá fome e sede neste mundo, visto que as necessidades vitais mais elementares de seu espírito, de sua alma e de seu corpo não podem ser satisfeitas aqui. Semelhante situação é intolerável para ele; uma tarefa sobre-humana! Duas vidas tão diferentes não podem ser associadas.

Entretanto, aqui também o auxílio é oferecido: o faminto e sedento é saciado! Essa bem-aventurança não é a visão abstrata de um longínquo e magnífico futuro, em que o plano divino brilhará em triunfo outra vez para o mundo e a humanidade, pois se o faminto e o sedento tivessem de esperar até lá, essa visão nada lhes seria senão um débil consolo!

Não, um homem em semelhante crise é imediata e diretamente saciado. Forças, valores, alegria imensa, amor intenso, realidades perfeitas lhe são ofertados.

Graças a essa abundância, esse homem se mantém de pé e pode continuar vivendo nos lugares de seu exílio; lá, onde seu sacrifício é requisitado; lá, onde deve servir como obreiro no grande campo de trabalho para o mundo decaído e sua humanidade em queda.

Essa afluência de forças e valores mantém o aluno em permanente estado de suprema felicidade espiritual, de verdadeira bem-aventurança. Ele vive a eternidade no tempo!

Aqui, na dialética, apenas se é feliz quando se alcança determinada meta. Na estática, já se é bem-aventurado enquanto se está procurando alcançar a grande meta. Procurar alcançar a meta, por si só, já é a vitória: é a eternidade manifestada no tempo.

Talvez seja difícil compreender a sublimidade dessas coisas; aqui apenas podemos compreendê-las em espírito.

Alguma vez, em situações bem complicadas e divergentes, sentistes a "presença direta", como a denominavam os antigos? Ela vos alimenta e sacia; é a própria mão de Deus que vos ergue acima do tempo e do espaço enquanto vos encontrais mergulhados no tempo e no espaço!

Em verdade, por que lutar pelo estabelecimento da justiça e da liberdade segundo a natureza? Essa espécie de direito nada é senão uma miragem, uma quimera, um fantasma. Essa justiça não existe!

Mas não existe, de fato? Não, pois todas as injustiças, todas as cisões do direito, as especulações sobre a justiça, resultam da ignorância e são conseqüência da transgressão das leis elementares da vida; são conseqüência da ilusão do eu, da nossa loucura coletiva que nos faz tomar por realidade este mundo fictício — onde nada é duradouro nem real — e nos deixa absolutamente cegos e ignorantes do nosso campo de vida primordial, o mundo do espírito universal.

É falta de inteligência ater-se à justiça terrestre. Se, tendo olhos para ver, cérebro para pensar e liberdade para escolher o vosso caminho, caísseis num rio, seria razoável terraplená-lo, ou construir uma ponte, ou colocar guardas às suas margens? Isso definitivamente não vos impediria de cair em outro rio, de despencar da ponte ou de, simplesmente, ignorar os guardas. Quando estais em apuros, clamais por justiça, mas vos esqueceis de que, no passado, ignorastes as causas de tudo o que acontece no presente.

E não tem sido sempre assim? Agora quereis leis e uma série de disposições que vos evitem aborrecimentos futuros, mas, se essas leis não viverem dentro de vós mesmos, jamais conhecereis outra justiça senão a da perpétua regularidade do crescer, brilhar e declinar.

E perguntamos: é ato de amor criar uma ordem de vida em concordância com nossa ignorância, nossa tolice e nossa loucura? Ou, pelo contrário, não seria ato de amor deixar-vos passar por experiências repetidas, andando em círculos sem nenhum resultado, até que compreendêsseis que, em vossa vida, deveis alcançar outra posse? Não é, pois, ato de amor falar-vos incessantemente de outra justiça, justiça que não é deste mundo e que sacia instantaneamente quem dela tem fome e sede, tornando-o um bem-aventurado? O trabalho que tem de ser executado é fazer o homem adquirir visão espiritual e despertar para a verdadeira autonomia.

O homem atual é uma caricatura distorcida do seu estado de ser primordial. É preciso transformar essa caricatura em homem verdadeiro, do qual os anjos cantam: "Paz na terra aos homens de boa vontade".

Bem-aventurados os que têm fome e sede de justiça, porque eles serão fartos.

Como podemos chegar a essa nova e vital necessidade? Como contemplar essa justiça e ser saciados? Percorrendo a única via libertadora, o caminho da transmutação e da transfiguração.*

A Escola Espiritual volta-se especialmente para o homem que neste mundo é denominado o tipo Caim. Como sabeis, Caim é a imagem contrária de Abel. O conceito "Caim" evoca a idéia de posse. Caim é o possuidor. Ele se defronta com Abel. "Abel" evoca a idéia de aparência. É o homem que se compraz na aparência e dela não sai; que adora misticamente a luz espiritual e lhe oferece sacrifícios, mas não deixa que essa luz trabalhe nele para uma regeneração. É por isso que Caim se defronta com Abel. É por isso também que Caim deve destruir a aparência e transformá-la em vida. Se Caim fizer esse gesto segundo a natureza, ele se tornará um assassino, um destruidor. Se o fizer, porém, segundo o espírito, ele se tornará um triunfador e mudará a face do mundo.

A Escola Espiritual dirige-se aos homens do tipo Caim, aos possuidores, ou seja, aos que possuem algo — ainda que rudimentar — do saber original; aos que possuem algo do estado de ser da ordem divina do passado, algo desse passado que, ainda desperto neles, os impele à ação, mesmo que, no momento, não sejam capazes de manejar as chaves. Para eles, o Livro da Vida ainda está fechado com sete selos.

Em nossa natureza, Caim é um possuidor que não sabe o que fazer com sua posse. É a ele que a Escola Espiritual se dirige com seu método de trabalho. Ela o submete à lei divina, que é ordem e sistema; ela apela à posse ainda caótica do aluno. Desse modo, os poderes e talentos adormecidos são sistematicamente liberados sob a lei até que o aluno esteja em condição de ser, ele mesmo, a lei.

Então, o homem-Caim pode viver e trabalhar baseado em sua posse, e o filho perdido reencontra o país da luz original. Faminto e sedento de justiça, ele é, na natureza, saciado pela fonte eterna de todas as coisas.

Bem-aventurados os que têm fome e sede de justiça, porque eles serão fartos.

8

Bem-aventurados os que têm fome e sede de justiça, porque eles serão fartos — II

Essa bem-aventurança que da montanha sagrada vem até nós é uma grande consolação para quem pode compreendê-la. Seríamos induzidos a erro se a compreendêssemos dialeticamente, pois, conforme vimos, a justiça desta natureza é determinada pelo país, pelo povo, pela raça e pelos usos e costumes. Além disso, o tempo e o século em que se vive representam aí também um grande papel.

A justiça dos homens foi e é essencialmente variável! E é em nome da justiça humana que, no decorrer dos séculos, os filhos de Deus vêm sendo perseguidos, supliciados, apedrejados e queimados.

Em conseqüência da justiça de Calvino, que se dizia um enviado de Deus, Michel Servet foi assassinado de maneira atroz, ato de crueldade que ainda hoje pesa sobre o calvinismo e lhe tira o direito de basear sua crença no santo nome de Jesus Cristo, que é luz e amor.

Em nossa era — e já se passaram milênios do período Ariano —, foi a justiça dos homens que fez perecer da forma mais cruel possível milhões de mulheres, vítimas dos processos de bruxaria.

Afastemo-nos, contudo, das sombrias páginas da história da justiça humana e examinemos os sentimentos e a prática da justiça humana em geral, tal como a exercem a massa e seus representantes. Verifiquemos também o lado caprichoso e sempre adverso que caracteriza a dialética e, então, saberemos com segurança que tal fome de justiça jamais, em tempo algum, será aplacada. Que Deus nos guarde de tudo isso!

Importa saber que essa bem-aventurança diz respeito à justiça que está na Gnosis e dela provém, que diz respeito ao direito divino, à ordem do direito do verdadeiro reino humano divino, o mundo das almas viventes!

Nessa ordem tudo é perfeição divina! Nessa ordem tudo é maravilhosamente belo! Nessa ordem todos recebem igualmente a graça, a magnificência e a força dos dons de Deus, da ideação divina plena.

Essa ordem, que é a própria essência da justiça, foi procurada por muitos. Eles a evocaram, poetizaram, cantaram!

Em torno dessa busca gira um desejo infinito, mas também uma dor infinita, pois muitos homens procuraram mitigar sua sede de justiça divina na dialética. Desse modo, só conseguiram reter em suas mãos destroços de seus desejos!

Os aspectos do direito divino são inumeráveis! Cada qual sabe, por intuição, que o amor, a alegria, a felicidade e a harmonia fazem parte desse direito. Mas quantas desilusões essa fome de justiça não proporcionou aos que a ela aspiraram! Quantos corações destroçados! A eterna lei dos contrastes se faz sentir duramente aqui, e, por isso, muitos chegaram a duvidar da veracidade dessa bem-aventurança. Não haviam muitos sentido verdadeiramente fome e sede de justiça? E não ficara a saciedade muito longe deles?

Entretanto, se há na Bíblia uma palavra totalmente verdadeira, de fato é esta, e um aluno da Escola Espiritual gnóstica pode perfeitamente compreendê-la, pois ele sabe que a justiça divina não tem lugar na dialética.

A justiça divina não pode tomar forma na matéria, porque a estrutura atômica da luz e a força que a impulsiona têm uma essência totalmente diferente da justiça da natureza dialética. Por conseguinte, as tentativas empreendidas horizontalmente para estabelecer e firmar a justiça divina no nosso campo de existência comum sempre acabam em resultados negativos. Portanto, melhor é não empreender tal tentativa, pois a justiça divina não é desta ordem de natureza.

Eis por que o verdadeiro aluno da Escola Espiritual gnóstica se volta, desde o princípio, para a ordem divina. E isso é possível, porque ele pertence a um corpo-vivo gnóstico! Isso o coloca em condição de pôr os pés no caminho da libertação e nele avançar.

Como filho pródigo, ele se coloca a caminho da casa do Pai. Cheio de fé e com a força de seu dinamismo, faminto e sedento de realização, ele parte em busca dessa finalidade grandiosa. Então, sim, como diz a parábola, o Pai vem de longe ao seu encontro!

A plenitude gnóstica revela-se e manifesta-se na jovem Fraternidade gnóstica, ainda que o aluno apenas se tenha posto a caminho. E as ondas de bem-aventurança fluem para todos os que se encontram no grupo. Eis aí o segredo, o mistério da quarta bem-aventurança:

Bem-aventurados os que têm fome e sede de justiça, porque eles serão fartos.

Possa esse mistério ser realizado interiormente por muitos! A todos os que têm verdadeira fome e sede é manifestado o sétuplo corpo gnóstico neste mundo de trevas.

9

Bem-aventurados os misericordiosos, porque eles alcançarão misericórdia

Como ficou claro no decorrer do nosso estudo sobre as bem-aventuranças, os pesquisadores religiosos e os exegetas supõem encontrar-se diante da prática cristã do humanitarismo, diante de uma maneira cristã de atuar na vida comum com vista a uma bem-aventurança e a uma recompensa direta sob a forma de agradáveis momentos no presente.

Segundo a compreensão popular e o pensar dos teólogos, os misericordiosos são os que, com uma vida piedosa e amorosa, estão dispostos a auxiliar a humanidade e a compartilhar da miséria e das aflições de seus semelhantes. Portanto, deduz-se que o homem que vivencia a misericórdia do coração não faz parte dos mais inteligentes ou mais afortunados. E também que é possível ser misericordioso sem ter meios suficientes para dar generosamente. Em tal caso, supõe-se que Deus leve em conta o que deseja o coração.

Além disso, acredita-se que não basta suportar com paciência as próprias provações, mas que, por compaixão cristã, é preciso compartilhar as provações dos nossos irmãos; demonstrar piedade, auxiliar e sustentar os necessitados; estar pleno de compaixão pela alma dos outros e ir em seu auxílio; ter piedade dos ignorantes e ensiná-los, dos descuidados e adverti-los, dos que vivem em estado de pecado e tirá-los daí como se os tirasse das chamas. Quem considera essas regras cristãs deveria ser bem-aventurado, pois é dito que Cristo é igualmente misericordioso.

Raciocina-se da seguinte forma: se nos apropriarmos interiormente de um dos atributos de Cristo, a bem-aventurança será a nossa recompensa. Sendo misericordioso como ele é misericordioso, somos, guardando-se as devidas proporções, perfeitos como ele é perfeito. Portanto, todos os que dessa forma são misericordiosos obterão misericórdia.

O provérbio "Quem faz o bem, o bem recebe" prova que a moral popular corrente compartilha desse modo de ver.

Em verdade, quem poderia refutar essa interpretação prática e humanamente cristã? Ninguém, certamente! Semelhante comportamento deve ser considerado naturalmente "uma iluminação por Deus".

No decorrer dos séculos, têm-se enfatizado alternadamente a fé e as obras. Paulo é o apóstolo da fé, e Tiago, o das obras.

Desde a Segunda Guerra Mundial, os círculos eclesiásticos de nossos dias despertaram de uma concentração de fé exotérica e começam a perceber que aspectos sociais muito necessários têm de ser dinamizados no raio de ação de seu trabalho para que o aparelho eclesiástico não saia definitivamente dos trilhos.

Quem poderia negar que as igrejas tenham, por fim, saído da letargia e que, por meio da prática da bondade, pretendam conter o mal e, tanto quanto possível, neutralizar-lhe os efeitos?

Contudo, não vejamos nisso nada além do que há em realidade, porque, como os séculos têm amplamente demonstrado, os diversos meios religiosos estão novamente ocupados em buscar, no sentido mais amplo da palavra, a prática da bondade que deve ser seguida e as formas de misericórdia e de amor ao próximo que devem ser aplicadas. Não achais isso estranho?

Suponhamos que a igreja cristã, tal como se acredita, tenha dois mil anos e constitua, em seu conjunto, a continuação da primeira comunidade cristã de Jerusalém. Nesse caso, ela deveria possuir uma ciência de misericórdia de pelo menos mil anos que se adaptasse diretamente aos preceitos evangélicos e fosse tão experimentada e purificada por ampla prática que não seria preciso deliberar sobre a prática cristã a ser empregada para evitar guerras e miséria social e econômica.

O que acabamos de dizer sobre as igrejas e suas dificuldades também pode ser aplicado ao humanitarismo mundial. Em breve, o humanitarismo descobrirá que veste roupas muito leves para o frio glacial reinante no mundo e precisará experimentar caminhos novos e diferentes.

Isso também não vos parece estranho? O humanitarismo não é tão antigo quanto o assim chamado cristianismo. Ele permaneceu latente em alguns pioneiros durante um ou dois séculos, e seus primeiros ensaios coincidiram com a Reforma. Pode-se, no entanto, dizer que esse intervalo de tempo foi suficiente para que uma formidável ciência humanística tenha sido elaborada para servir de diretriz infalível a todos os desenvolvimentos sociais, políticos e econômicos.

Agora que cada ser humano deveria estar pronto para cingir os rins, parece que os cintos se perderam e as armas se danificaram. Conferencia-se ainda sobre as armas a serem usadas. E, justo agora que o chamado ressoa: "Vede, o esposo vem! Ide ao seu encontro na noite mundial!", verifica-se que não há óleo nas lâmpadas. Portanto, toda essa bondade é apenas parcial! Toda essa bondade não deve ter obtido apenas resultados positivos. Ela deve ter sido experimental, e sua prática não trouxe a bem-aventurança eterna a ninguém. A despeito da bondade ou vontade de toda essa bondade, muitos ficaram de mãos vazias e se deram conta de que desperdiçaram e perderam muito tempo!

Mas, seja como for, e sem entrar em detalhes, devemos compreender bem que a bondade segundo a natureza é uma qualidade inerente dos cristãos e um reflexo natural e lógico de um comportamento de vida que aspira à luz. Inúmeras capacidades normalmente resultam da vida de quem busca a Deus, mas, avaliadas em particular, nenhuma delas traz a bem-aventurança nem proporciona a quem as possui um estado de suprema alegria e completa realização.

A bem-aventurança que estudamos aqui – "Bem-aventurados os misericordiosos, porque eles alcançarão misericórdia" – é essencialmente diferente do que geralmente se crê, pois, quando um homem é um verdadeiro cristão, quando vive a pura essência do cristianismo, as obras espontâneas de sua bondade interior já não podem ser experimentais: sua bondade é a expressão total de um estado de ser perfeito.

Não podeis, como homem inteligente, perguntar: "Que forma de bondade devo praticar?", mas sim: "Como chegarei a um estado de ser que, naturalmente, irradie a verdadeira bondade?" Também não podeis perguntar: "Que fé e que obras devo realizar em minha vida? Serei como Paulo ou como Tiago?", mas sim: "Como chegarei a um estado de ser em que a fé e as obras falem por si mesmas, sejam evidentes e trabalhem em sentido libertador?"

Bem-aventurados os misericordiosos.

Há uma misericórdia que não torna bem-aventurado, mas é a prova da bem-aventurança. O ditado popular "Quem faz o bem, o bem recebe" emana de uma ciência ancestral perdida, ciência que contradiz a astronomia. Os astrônomos supõem que o sol, após difundir sua energia durante milhões de anos, um dia se extinguirá e deixará de existir. Contudo, a antiga sabedoria nos ensina que o sol, oferecendo sua energia a seus planetas, recebe de volta uma energia superior, mais magnífica e mais majestosa. Aqui, aplica-se também a antiga lei cósmica: "Quem perder a sua vida, por amor de mim, achá-la-á".

Chamamos vossa atenção para essas coisas a fim de tornar claro para vós que, se existir uma misericórdia – prova irradiante de bem-aventurança de um estado de ser absoluto –, então essa oferenda deverá ser respondida da mesma maneira. Irradiar misericórdia gera misericórdia! Isso é uma lei.

Nenhuma fração de energia é perdida no cosmo. Quando, em virtude de uma idéia, uma energia é gerada e depois transmutada em certo resultado, a elaboração final desse resultado retorna para a fonte de energia em resposta dinâmica.

Bem-aventurados os misericordiosos.

O que é, então, a misericórdia de que trata o Sermão da Montanha? Para compreendê-la, devemos examinar a Doutrina* Universal. Isenta de qualquer forma de bondade, a misericórdia é uma forma de magia. É a magia da figura da alma revelando-se em certo estado do santuário do coração. O poder irradiante dessa magia da alma é denominado, no Sermão da Montanha, "misericórdia". Desejamos agora explicar-vos como essa magia da alma pode desenvolver-se no aluno.

Há três formas de magia cristã: a magia da figura corporal, a da figura anímica e a da figura espiritual. Essas três formas de magia se manifestam, por fim, em uma unidade: a magia total do verdadeiro homem.

O homem atual, contudo, já não é o homem ideal, original, mas sim o homem decaído, que tem o dever de elevar-se progressivamente no caminho da regeneração, voltar ao Pai e restabelecer sua antiga glória.

Cristo envia o seu "Bem-aventurados os misericordiosos" aos alunos que já atingiram certa fase de reconstituição no caminho da regeneração.

As bem-aventuranças são fórmulas, pensamentos-chave que revelam ao aluno diversas perspectivas.

Quando, ao sondar seu íntimo, o aluno percebe sua infinita pobreza de espírito, a decadência e a degradação de seu estado, ele passa então a uma rigorosa revisão do sistema de sua personalidade. Essa revisão — esse renascimento — tem sete aspectos e é sistematicamente empreendida e conduzida, a fim de que a magia da verdadeira transmutação se manifeste como força perfeitamente manejável.

A magia da personalidade tem relação com o *fiat* criador, com a manifestação da idéia redentora de Deus; com a idéia libertadora que vive no sangue do coração de Cristo, nosso Senhor. Mas, antes que essa magia possa demonstrar-se, a figura da alma do aluno deve ser revivificada e, conseqüentemente, desenvolver sua própria magia.

A magia da alma é o meio pelo qual a magia da nova manifestação da personalidade pode expressar-se. A magia da alma é a argamassa com a qual a construção pode ser erigida de maneira sólida, firme, em indestrutível beleza.

A essência, a característica perfeita dessa magia da alma, como argamassa para a construção, deve ser definida como absoluto amor ao próximo, que tudo engloba. Esse amor não envolve meramente uma pessoa ou um grupo de pessoas com as quais se tenha afinidade sangüínea, porém envolve e se dirige a todos indistintamente, pois é impessoal. E esse amor nos faz conhecer a Deus, conhecê-lo e vê-lo em sua plenitude.

"Deus é amor", testemunham os livros sagrados. Deus não *possui* amor, como um de seus atributos, mas Deus *é* amor! O amor é a própria essência da divindade. Ele dirige e sustenta o Universo. Por seu intermédio o *fiat* criador é conduzido à manifestação na forma. Se o homem possuísse e fosse tudo, se soubesse tudo, mas não tivesse o amor, ele nada teria e nada seria.

"Deus é amor, e quem está em amor está em Deus e Deus nele." Deus se revela a ele e fala por intermédio dele. O amor divino em sua plenitude, transformado em força dinâmica manejável no aluno que se preparou, essa é a magia da alma. Essa magia da alma também conhece sete estados de crescimento e desenvolvimento. O amor biológico e a bondade do homem comum estão para o amor da alma assim como o amor maternal do animal por sua cria está para o mais nobre ato de amor do homem dialético.

A história mundial testifica que mais de um iluminado comparou o amor universal da alma a um fogo que, em mãos incompetentes, pode danificar e ferir qual um fogo infernal. A força de Urano encerra um poder eruptivo que, quando não é guiado pela sabedoria e pelo serviço altruísta, pode facilmente escapar ao controle e ocasionar os maiores desastres. Podemos comparar o amor da alma à eletricidade cósmica: nas mãos de Deus, ela é benéfica, doadora de luz, mas, deixada ao acaso, torna-se destruidora.

Pedimos que compreendais bem que as santas considerações sobre o amor e seus valores salvadores que vos transmitimos não podem ser, de modo algum, comparados com qualquer forma ou manifestação de amor ou tendência de bondade do homem biológico.

Tão logo o aluno no caminho da regeneração participe da força universal divina, tenha alcançado a magia da alma e possa, conseqüentemente, preparar a argamassa para a construção, desenvolve-se em seu ser um poder irradiante de grande influência. O órgão central desse novo poder irradiante está situado no santuário do coração, mais particularmente na glândula timo. Esse órgão é a jóia que serve de foco a esse poder. A corrente de força preparada por essa glândula é irradiada pelo esterno na esfera aural do aluno, e, desse modo, ele vive na luz, assim como Deus na luz está.

Notai que a humanidade perdeu o conhecimento dessas coisas que na origem estavam presentes nela. A prova disso está na palavra *sternum,* designação da ciência moderna para o esterno. *Sternum* significa irradiador, emanador. As inúmeras pinturas dos antigos místicos que reproduziram o ser humano com um medalhão ou um espelho na altura do coração constituem uma lembrança dessa sabedoria perdida.

O sétuplo poder da alma, que irradia do coração, dispõe de dois princípios ativos: um princípio buscador, portanto irradiante; e um princípio atrativo. Mediante o princípio buscador ou irradiante, o aluno que possui a força da alma se liga a todos os homens; ele se coloca em ligação impessoal com a humanidade inteira. Ligado a Deus por meio de seu próprio estado de ser, ele transcende os limites de seu eu.

Quando a corrente buscadora e irradiadora toca uma pessoa, o emissor dessa corrente de força recebe uma impressão direta do estado, das necessidades e das dificuldades do interessado, sem necessitar de outros esclarecimentos. Ele compreende os outros perfeitamente, pois seu verdadeiro ser se abre para ele com clareza.

As impressões permanecem rápidas e impessoais até o momento em que determinada pessoa em crise regenerativa tenha necessidade urgente e absoluta de auxílio e, em total desespero, busque uma saída. Então, a magia da alma festeja o seu triunfo! A corrente buscadora e irradiante preenche com seu fogo de amor o infeliz, e este recebe, como das mãos de Deus, o bálsamo de Gilead, o bálsamo do auxílio e da consolação. Apanhado por essa magia, o homem, então, adquire uma confiança inabalável, uma vibração reforçada, uma iluminação espiritual do sangue, que neutraliza, tanto quanto possível, a pesada hereditariedade sangüínea. O interessado é colocado ante a possibilidade de ver seu caminho de modo claro e fazer brotar a força indispensável para percorrê-lo.

Essa é a magia da alma, a misericórdia positiva e diretamente aplicada; essa é a energia do amor transmutada em vida no próximo e que, como resultado, retorna multiplicada por mil a quem a emite. Essa é a misericórdia que gera misericórdia! É o segredo — se podemos falar de segredo — da palavra de Cristo sobre a montanha: "Bem-aventurados os misericordiosos, porque eles alcançarão misericórdia".

Isso nada tem a ver com qualquer forma de bondade social ou econômica, mas, sim, com o cumprimento da palavra: "Deus é amor, e quem está em amor está em Deus, e Deus nele".

Isso é cristianismo, o cristianismo prático no mais puro sentido.

Aos que crescem nessa majestade é dito: "Abri a vossa alma, repartindo com os famintos o vosso pão da vida".

10

Bem-aventurados os puros de coração, porque eles verão a Deus

Quando, no caminho dos mistérios cristãos, o aluno alcança o estado de misericórdia descrito no capítulo precedente, ele se eleva a um bem ainda maior. O degrau seguinte do caminho da realização revela-se à sua consciência. Para que se compreenda o valor desse novo degrau a que se referem às palavras de Cristo "Bem-aventurados os puros de coração, porque eles verão a Deus", queremos ainda lembrar-vos sucintamente o que foi dito sobre "Bem-aventurados são os misericordiosos".

Dissemos, então, que a misericórdia não exprime um estado de bondade humana, mas um determinado estado do santuário do coração, em que a magia da alma do homem renascido pode manifestar-se.

Essa magia da alma refere-se à corrente de amor de essência superior, por meio da qual o aluno se reconhece em ligação impessoal com toda a humanidade, ligação essa tanto positiva quanto negativa.

Pela ligação negativa o aluno é capaz de penetrar, segundo a consciência, a alma e o corpo, o estado de ser de seus semelhantes, compreender de maneira perfeita suas qualidades e necessidades, bem como suas fraquezas, tanto no sentido geral como no particular.

Mediante essa ligação negativa da alma o aluno experimenta os efeitos e as vibrações dos sofrimentos, do pecado e da animalidade espantosa e primitiva da humanidade, e, em virtude de seu estado de ser, toma sobre si todo o sofrimento do mundo. Essa ligação negativa da alma pode ser tão forte que o aluno, diante de duas pessoas que discutem, chegue a enrubescer pela vergonha que o insulto causa a um deles e sofrer a dor que o outro deveria sofrer.

Devido a essa ligação, a vida do aluno torna-se tão pesada neste mar de confusão e de assustadora maldade em que a humanidade se encontra mergulhada, que há momentos em que ele mal suporta o peso do sofrimento alheio que, a serviço de seu Senhor, tomou sobre seus ombros. Mas é nesses momentos de grande angústia que ele vive a grandiosa verdade das palavras de seu Salvador: "Bem-aventurados os misericordiosos, porque eles alcançarão misericórdia". Há sempre força para carregar sua cruz: uma grande alegria o sustenta, uma alegria que não é deste mundo e que o torna mais forte que nunca.

A ligação positiva, ao contrário, não assimila, porém irradia. Quando o aluno sente o sofrimento, as maldades, os pecados e os efeitos do estado primitivo de seus semelhantes e sofre com eles ou por eles, então, mediante a ligação positiva, dará em troca algo muito diferente do que recebe ou sofre por seus semelhantes.

A força irradiante dessa ligação positiva, que em noventa e nove por cento dos casos é transmitida de forma absolutamente impessoal, pode ser para quem a recebe uma intensa consolação, uma graça maravilhosa. Todavia, na maioria dos casos, essa força age como um fogo intenso. A luz do amor celeste não pode ser suportada pelo homem da natureza inferior, pois ele a sente como um fogo consumidor. Ela é como uma ardente febre purificadora que expulsa as enfermidades, embora provoque doenças e complicações, devido à negatividade de quem a recebe.

Tende consciência disso quando falardes ou pensardes a respeito do sofrimento do Senhor por nós, ou quando a comunidade crente canta: "Que amigo é Jesus, que se põe em nosso lugar, que experimenta o sofrimento em nosso lugar e sofre por nós sem que o saibamos, porque somos tão estúpidos e oprimidos que sequer conseguimos lançar um olhar sobre nossas limitações".

Observai que essa mesma comunidade que sente o benefício da ligação negativa da alma com Cristo é, ao mesmo tempo, tocada pela ligação positiva da alma com o Senhor.

Em outras palavras, isso quer dizer que os nossos problemas dialéticos comuns, longe de serem resolvidos, se agravam!

Quando alguém, submissa e conscientemente, se abre à ligação anímica negativa, sofre igualmente e na mesma medida o abrasamento da ligação anímica positiva. Esse abrasamento torna-se uma febre, uma desarmonia destruidora, a ira de Deus, caso o homem não transforme fundamentalmente a si próprio e a sua vida. A compreensão dessas coisas surtiria muito mais efeito para a humanidade do que mil sermões.

Quando, no caminho dos mistérios cristãos, o aluno descobre que a magia da alma começa a reivindicar seus direitos e a demonstrar suas forças; quando, ao participar do corpo de Cristo, sente igualmente o sofrimento inerente à ligação anímica negativa e, por sua ligação anímica positiva, percebe que está em condição de auxiliar outros de forma supranatural; quando, desse modo, o aluno manifesta e recebe misericórdia, é-lhe dada uma nova advertência, é-lhe dado um novo conselho, é-lhe aberta uma nova perspectiva. E esse conselho, essa advertência, essa nova perspectiva exprimem-se perfeitamente em:

Bem-aventurados os puros de coração.

O aluno deve compreender que seu novo poder da alma deve tornar-se um poder absoluto. Antes que possa empregar esse poder da alma e dirigi-lo pessoalmente, seu coração deve ser purificado; o santuário do seu coração e seu estado de alma devem responder a um mínimo de condições. Essa purificação do coração nunca poderá ser o efeito de uma decisão. Ninguém pode adquirir a pureza do coração por decisão própria. Essa pureza é sempre o resultado de um processo.

A alma está em estreita relação com o sangue do homem e o sangue é um dos aspectos da alma. Os antigos já diziam: "A alma do homem é o seu sangue". Ora, visto que o coração é o motor do sangue, do corpo, motor onde o sangue se renova e é provido de novas forças atmosféricas, é compreensível que a pureza do coração esteja intimamente relacionada com a pureza do sangue, com suas possibilidades e potencialidades.

Alguns acreditam que a pureza seja simplesmente uma condição física; outros pretendem que ela se relacione com o estado da alma; outros ainda dizem: "A pureza é um estado de consciência, compreendido em sentido místico-abstrato".

Nós, contudo, dizemos: a pureza é a conseqüência do poder do sangue, e isso engloba tudo: a consciência, a alma e o corpo.

O poder do sangue controla o poder de assimilação da consciência, da razão, o poder de julgar e condenar, o discernimento, a perspicácia para examinar as diversas situações em todos os seus aspectos e relações, o devido auxílio a ser ofertado aos homens ou às situações e faculta saber quando se deve falar ou calar.

As impressões que, como alunos no caminho, podeis receber mediante a ligação anímica negativa são peneiradas ou refletidas pelo vosso poder do sangue, ao passo que a ligação positiva depende inteiramente da imagem refletida em vossa consciência pelo sangue. Uma lente manchada não pode reproduzir uma imagem clara, e não se pode usar um espelho embaçado!

Essa é a razão pela qual, à custa de muitas experiências, os alunos no caminho e as pessoas intuitivas em geral descobrem envergonhadas que ao querer navegar pela bússola de sua intuição e de suas impressões, o bote de suas vidas está sempre encalhando entre os arrecifes.

Portanto, a pureza do coração, ou seja, a pureza e a expansão do poder sangüíneo, constitui uma das primeiras exigências.

Apenas mediante essa bússola sereis capaz de navegar seguramente, pois a pureza do coração significa "ver a Deus"! E "ver a Deus" significa possuir absoluta, consciente e direta ligação com o Ser divino, com o plano de Deus, com a meta divina do Universo. Uma impressão, uma intuição recebida nesse estado, proporciona uma compreensão total e assegura uma reação justa.

"Ver a Deus" significa que já não existe barreira entre o mundo de Deus e o aluno. Esse estado é conseguido pela pureza do coração, ou seja, pela purificação e pelo crescimento do poder do sangue, que possui sua sede, seu núcleo e sua porta de acesso no santuário do coração.

Por esse motivo é bom analisar minuciosamente a maneira pela qual o aluno pode efetuar ou favorecer essa pureza do coração, pois faz pouco sentido meditar, em êxtase místico, sobre um valor divino que deve ser implantado na vida dos homens sem, no entanto, fazer o devido esforço para conquistá-lo. Portanto, devemos compreender primeiro o que se espera de nós.

O sangue impregna todos os órgãos, fibras e células do nosso corpo, e o templo humano funciona graças a esse sangue, compreendido em seus diversos aspectos e vibrações, as quais não podemos explicar. Ao nascer, recebemos o sangue de nossos pais e, com essa base, passamos para a produção pessoal à idade de, aproximadamente, sete anos.

Além disso, o ser sangüíneo traz consigo os resultados das vidas dos que nos precederam no microcosmo. O que recebemos de nossos ancestrais e o que nós mesmos trazemos do passado microcósmico desconhecido dá ao nosso sangue um poder magnético particular. O axioma "semelhante atrai semelhante" confirma essa realidade. Esse magnetismo engendra um círculo natural que confere às famílias, às gerações, aos povos e às raças certas propriedades típicas às quais seus descendentes corresponderão agora e sempre. Segundo a natureza, estamos todos presos ao sangue, e tendo em vista que a natureza se encontra decaída e o sangue corrompido, o grande drama humano, que retém o homem prisioneiro há éons, aparece em cena.

O homem inteligente, que pensa, busca a Deus, deseja a libertação e reconhece essa ligação através do sangue, compreende que é preciso desenvolver uma auto-atividade para agir em harmonia e cooperar com a intervenção de Cristo neste mundo. Desse modo, o aluno dá início ao processo de purificação do coração.

Esse processo não é um êxtase místico, porém um processo puramente científico.

Uma regeneração segundo a consciência, a alma e o corpo deve ser levada a efeito, e o aluno deve visualizar claramente como essa regeneração pode ser iniciada e levada a bom termo em todos os seus aspectos. Já desde o início o aluno deve compreender perfeitamente que não se trata de aparência, mas de realidade; não de palavras, mas de atos; e que um ato exterior deve ser sempre a conseqüência de um ato interior.

Quando o Sermão da Montanha aconselha: "Se teu olho direito for para ti motivo de escândalo, arranca-o e atira-o para longe de ti" e "se tua mão direita for para ti motivo de escândalo, corta-a e joga-a longe de ti", o aluno compreende que deve efetuar uma renovação estrutural de seu ser. Deve modificar a atividade de suas mãos, que fazem juramentos e exercem certa magia, e a atividade de seus olhos, que o ligam a certos valores.

Então, baseando-se em sua profunda miséria, em suas necessidades íntimas e em seu desejo ardente, o aluno coloca-se voluntariamente "sob a lei".

Que é a lei? Essa lei, como intérprete do plano de Deus para o mundo e a humanidade, diz como o homem deve viver, que requisitos deve preencher e que caminhos deve trilhar para romper os grilhões que o retêm aprisionado ao sangue e realizar a progressiva purificação do coração.

Então, essa lei é tudo o que há de mais elevado? É o viver debaixo dessa lei a coisa mais importante? Claro que não. A lei é um programa de ação, um esquema de trabalho, um campo de vibração espiritual vivificado, no qual e pelo qual o sentido da vida se revela inteligentemente para nós.

A intenção da vida sob a lei é que o homem se torne ele mesmo a lei; que se eleve acima da lei, reforçando, desse modo, para outros, a benevolência da lei. No sentido gnóstico, devemos ver a lei como uma escada, a escada de Jacó que se liga ao céu e pela qual os anjos de Deus sobem e descem livremente.

Podeis ver essa escada como duas barras verticais ligadas entre si por barras transversais. Podeis ver a lei como palavras e fórmulas. Podeis prostituir a lei fazendo crer que a seguis. Podeis temê-la, pois, conforme o testemunha a Epístola aos Romanos: "...sob a lei, todos pecaram... Não há um justo, nem um sequer". Contudo, podeis também ver a lei como a Doutrina Universal vitalizada por Cristo, como a mão estendida de Deus, como uma cruz que o homem deve aprender a carregar e realizar, como a cruz que liga a eternidade ao tempo.

Para o verdadeiro aluno, a lei é um feixe de raios de luz da verdade universal a que ele deve aprender a corresponder, raio por raio. Cada raio se expressa por uma fórmula simples que, cheia de amor, ilumina a compreensão primitiva do homem decaído que quer levantar-se e lhe dá lucidez sobre as exigências do caminho.

O poder sangüíneo é purificado e se amplia, substituindo a subordinação à natureza por idealidade, moralidade e realidade.

A idealidade apresenta o porquê. A moralidade, o para quê. A realidade, o por meio de quê.

Bem-aventurados os puros de coração, porque eles verão a Deus.

Segundo a idéia, segundo a idealidade, compreendemos agora o sentido dessas palavras. Mediante certa condição dos poderes de nosso sangue obtemos a ligação com a essência de Deus. Também concebemos o que é a moralidade. Após o "porquê", vem o "para quê". A pureza de coração coloca-nos em condição de exercer a verdadeira misericórdia, de avaliar com precisão a ligação anímica negativa e de auxiliar da maneira correta, graças à ligação anímica positiva.

Porém, agora, a realidade deve sobrevir! Após ter visto e compreendido, é preciso realizar, dinamizar. Não podemos ficar na contemplação, pelo que, como Abel, permaneceríamos o homem negativo que se deixa acariciar pelos raios solares. Devemos, porém, agarrar a realidade. E nós o podemos, graças à lei que nos renova e que, em Cristo, vem até nós.

Até certo ponto, o trabalho da lei é cientificamente sóbrio. Quando sabeis que os poderes de vossa alma estão, segundo a natureza, aprisionados no circuito do sangue, então começais, logicamente, a atacar de baixo para cima na linha horizontal esse circuito natural por meio da mudança sistemática do vosso comportamento de vida. Contudo, deveis ter em mente que esse comportamento não é o fim, mas apenas o meio para alcançar o fim. Começando, assim, na amarga realidade, derrubais uma barreira após outra, aproximando-vos sempre mais da moralidade para, finalmente, realizar a idéia: "A pureza de coração que vos faz ver a Deus".

A bem-aventurança que disso resulta não pode ser expressa em palavras. Ela apenas pode ser confirmada no tempo por bondade, verdade e justiça, para a consolação e bênção de toda a humanidade.

Portanto, compreendamos de uma vez por todas que a pureza do coração é uma expressão que designa o desenvolvimento supremo da alma, seu poder absoluto e a purificação total do sangue.

"Senhor, quem habitará em teu tabernáculo? Quem morará no teu santo Monte?" Quem caminha segundo a eqüidade age segundo a justiça e, com seu coração, fala a verdade. Quem realiza essas coisas jamais será abalado por toda a eternidade!

II

Bem-aventurados os pacificadores, porque eles serão chamados filhos de Deus

Quando refletimos sobre essa bem-aventurança precisamos, antes de tudo, desfazer-nos de todas as nossas tendências habituais, pois não é verdade que, ao ouvirmos a palavra "paz", nossos pensamentos associam-se à idéia de paz e pacificação que o mundo conhece, ama e se esforça por alcançar? Não são a paz e as idéias pacifistas coisas extremamente desejáveis num mundo de miséria como o nosso? Não aspiramos todos a uma paz duradoura? Sob muitos aspectos, não significam essa paz e seus resultados um estado de bem-aventurança para muitos? Não há no coração de todos uma prece ardente para que cesse a violência sempre presente, sempre ameaçadora?

"Meu Deus, dai-nos a paz!" Que bem-aventurança seria essa!

E, assim, em meio à ameaça de uma terceira guerra mundial, a máxima "Bem-aventurados os pacificadores, porque eles serão chamados filhos de Deus" encontra-se bem próxima de nossos corações. E isso é natural! Se existe um texto bíblico que compreendemos bem, é esse!

Entretanto, devemos tirar-vos essa certeza, pois a bem-aventurança em questão não está neste nível horizontal. Ela testemunha uma paz que ainda não conheceis, que não possuís e que o homem como massa nunca possui, apesar de tudo, que não poderíeis compreender, nem mesmo se a violência brutal e o horror da ameaça dessem lugar a um estado normal... a menos que sigais um longo caminho.

A paz de que aqui se trata não é dialética. Quem a possui jamais a perderá, tampouco a violará, pois ela é a paz de Deus, de que Paulo dá testemunho com as palavras: "E a paz de Deus, que excede todo o entendimento, guardará os vossos corações e os vossos sentimentos em Cristo Jesus".

É para essa paz que não se pode compreender com a consciência* biológica que o Sermão da Montanha chama a atenção do aluno.

Para o aluno que a possui, ela é a paz que permanece, a despeito de qualquer circunstância dialética; paz que é conhecida e abraçada, mesmo em meio à maior violência ou à mais intensa aflição.

Quando os antigos e os iniciados se encontravam, diziam uns aos outros: "A paz seja convosco!" Com essa saudação, eles não queriam sugerir: "Vivamos em paz, sem querelas, e deixemos reinar a paz". Porém, com toda a magia da alma, da qual dispunham, eles se ligavam mutuamente à paz de Deus que ultrapassa todo o entendimento. "Deus é nossa paz!", diz e confessa o aluno iniciado.

Pensai, sobretudo aqui, na palavra de Cristo relatada por João, capítulo 14: "Deixo-vos a paz, a minha paz vos dou. Não vo-la dou como o mundo a dá".

Nessas palavras encontramos a confirmação profunda do que expusemos, a saber, que a paz mencionada nos mistérios cristãos nada tem a ver com a paz que os partidos beligerantes talvez nos possam trazer, a despeito de tudo o que essa paz terrestre, compreendida conforme a natureza, possa ter de maravilhoso, desejável e beatífico.

É por isso que deveis desligar-vos das coisas terrestres e elevar-vos para compreender uma paz que ultrapassa todo o entendimento. Mas isso é possível? Não haverá aí um paradoxo? Poderá um homem compreender o que ultrapassa o seu entendimento? Sem dúvida, é possível e mesmo indispensável que o aluno, cujo ideal é um dia ser chamado filho de Deus, se eleve acima de sua razão, acima da consciência racional de seu cérebro.

O que costumamos chamar de "razão" nada é senão a faculdade de compreensão e discernimento da consciência eu. Essa razão, compreendida segundo as normas terrestres, pode, eventualmente, ser muito cultivada e capaz de grandes coisas. Todavia, absolutamente não é libertadora, mas sim um poderoso freio ao verdadeiro desenvolvimento espiritual.

Certamente não queremos depreciar a razão da consciência biológica. Contudo, deveis saber que a consciência comum é um elo de uma cadeia de três. A razão do homem possui três focos, dois dos quais estão latentes na maioria dos homens. Há uma razão do espírito, uma razão da alma e uma razão biológica.

Quando os antigos místicos diziam que o homem devia aprender a pensar com o coração, referiam-se à razão da alma. E quando o Senhor diz a seus discípulos que eles devem conhecer uma alegria que ultrapassa todo o entendimento humano para ser verdadeiramente chamados filhos de Deus, a atenção dos alunos é atraída para a razão espiritual.

A razão espiritual vivifica a idéia; a razão da alma inspira e esclarece a idéia, e a razão biológica realiza a idéia.

Um bom construtor a serviço do Grande Arquiteto deve ser capaz de elevar-se acima da razão biológica, não a rejeitando como inutilizável, mas empregando-a da maneira correta.

Quando os três focos da razão operam de forma correta em uma corrente, o aluno preenche três funções também ligadas como uma peça do trabalho: ele é o arquiteto, ou seja, cria a idéia; é o mestre construtor, ou seja, anima e irradia a idéia, e é o ajudante, ou seja, executa a idéia.

Tão logo o ajudante ou aluno ultrapasse sua razão e nesse espaço assente os fundamentos de sua obra, realizando-a segundo o Plano da Razão Superior, sua ação se torna simultaneamente uma manifestação da alma, e a beleza da idéia resplandece nesse ato. O criador se revelou através de sua criação.

Então, torna-se claro que, quando está em posse dos três focos ativos da consciência, o aluno poderá passar da idéia que está em Deus à ação e, por sua ação libertadora, regressar à idéia, que é Deus mesmo.

Em princípio, e falando abstratamente, mesmo em estado de queda, o homem é e continua sendo um filho de Deus, porém um filho perdido, extraviado, que rompeu sua ligação direta com o Pai. Todavia, quando vive, experimenta e trabalha com os três focos da consciência, o filho pródigo retorna ao lar e, de forma muito particular, torna-se novamente um filho de Deus. A ligação direta com o Pai é, então, restabelecida. Ele não somente vê o Pai da maneira descrita em "Bem-aventurados os puros de coração...", mas também está em Deus, voltou a ser um filho de Deus, retornou ao lar. Seu espírito reencontrou o espírito de Deus. E a melhor tradução para esse reencontro e a natureza desse estado de ser é a paz.

A paz que está em Deus é uma harmonia perfeita, um esplendor eterno, um repouso dinâmico. É o estado de equilíbrio entre a idéia divina e o homem que vive dela e para ela. Já não há nenhum traço de resistência, pois o filho de Deus que, pela mão de Deus, pela mão da idéia de Deus, trabalha em sua construção vivencia, nessa harmonia de valores, forças e pensamentos, que ele tudo faz para o bem.

Para os que possuem essa paz ou estão ocupados em adquiri-la aplicam-se as palavras ditas sobre a montanha: "Bem-aventurados os pacificadores, porque eles serão chamados filhos de Deus".

Então, pode acontecer que o aluno no caminho, num arrebatamento dos sentidos, ouça a saudação fraternal: "A paz esteja convosco!" Ele sabe que se trata de uma prova de amizade e amor, e que, nesse amor, pode ter a esperança de elevar-se acima dos limites de sua razão comum, no caminho da consciência espiritual.

Ao mesmo tempo, o aluno experimenta, nessa saudação, a força de um mantra,* de uma fórmula mágica. Com as palavras "A paz esteja convosco", o verdadeiro Espírito inflama-se como um clarão nos centros sensoriais comuns do aluno e é como se os muros recuassem, os véus tombassem e as pesadas nuvens se dissipassem. O aluno vê, além do espaço e tempo, a verdadeira paz que está em Deus, à qual ele está sendo chamado com inexprimível amor. O império da paz não pode ter fim; sua grandeza é eterna e indestrutível.

Conheceis essa majestosa sensação de bem-aventurança que se torna vossa quando vos elevais acima da razão?

O aluno que vê esse caminho, para o qual é eleito, experimenta de forma muito particular as palavras e os pensamentos de Isaías 9, que não tratam apenas do Messias histórico, mas também do nascimento de Cristo no homem: "O povo que andava em trevas viu uma grande luz, e sobre os que habitavam na região da sombra da morte resplandeceu a luz. Tu multiplicaste a nação, a alegria lhe aumentaste; todos se alegrarão perante ti... Porque tu quebraste o jugo da sua carga, e o bordão do seu ombro, e a vara do seu opressor".

Em meio à luta e enquanto suas vestes são banhadas em sangue, o aluno é elevado à nova filiação divina. Ele é eleito Filho, o poder está sobre seus ombros, e seu nome é: Admirável, Conselheiro, Poder de Deus, Pai Eterno, Príncipe da Paz.

Bem-aventurados os pacificadores, porque eles serão chamados filhos de Deus.

"E a paz de Deus, que excede todo o entendimento, guardará os vossos corações e os vossos sentimentos em Cristo Jesus. [...] tudo o que é verdadeiro, tudo o que é honesto, tudo o que é justo, tudo o que é puro, tudo o que é amável, tudo o que é de boa fama, se há alguma virtude, e se há algum louvor, nisso pensai", assim diz Paulo.

Como o aluno aprenderá a conquistar essas qualidades e como saberá o que é verdadeiramente justo, puro e amável? Ele aprenderá e saberá pelo que tiver recebido, entendido, ouvido e visto, pois tudo está incluído na Doutrina Universal, que foi dada à humanidade e com ela desceu até o mais profundo de sua queda, para mostrar-lhe o caminho de volta para a luz.

A Escola Espiritual possui, como um poder que pode ser utilizado de maneira direta, o caminho espiritual de Jesus Cristo, assim como a filosofia da lei, com o auxílio da qual podeis trilhar o caminho espiritual da libertação. Portanto, assim como o aprendestes, ouvistes, entendestes e vistes, fazei-o! E o Deus da paz será convosco.

Essa reflexão sobre as sete bem-aventuranças levou-nos da pobreza de espírito aos cumes da filiação divina, à paz que excede todo entendimento. Ela nos fez passar das cavernas da natureza à harmonia das esferas.

O pobre de espírito tornou-se rico. Uma sétupla bem-aventurança é seu quinhão. Em Deus ele se ergueu da natureza. Ele retornou ao lar.

12

Bem-aventurados os que sofrem perseguição por causa da justiça, porque deles é o reino dos céus

Bem-aventurados sois vós quando vos injuriarem e vos perseguirem, e, mentindo, disserem todo mal contra vós, por minha causa. Exultai e alegrai-vos, porque é grande o vosso galardão nos céus; porque assim perseguiram aos profetas que foram antes de vós.

Chegamos agora às duas últimas das nove bem-aventuranças e nos sentimos arrancados da sublimidade do "Bem-aventurados são os pacificadores", porque, de repente, somos colocados diante da triste realidade.

No capítulo precedente, vimos como o aluno alcança a filiação divina na paz que excede todo o entendimento. Agora, da elevada serenidade dessa bem-aventurança, ele deve imergir no sombrio sepulcro, para aí executar o trabalho com a cabeça, o coração e as mãos.

E vede, mal iniciou o trabalho, o aluno se vê diante de uma situação paradoxal, tão bem descrita no Salmo 120, versículos 6 e 7: "A minha alma bastante tempo habitou com os que detestam a paz. Pacífico sou, mas quando eu falo, já eles procuram a guerra".

De fato, é verdade que, quando o aluno se dirige à humanidade munido da paz que excede toda a compreensão humana, da paz de Deus, o resultado é uma luta encarniçada. Esta é uma das provas mais evidentes da existência das duas ordens de natureza de que vos temos falado seguidamente. Existem duas ordens de natureza: a Ordem de Deus e a ordem humana decaída, a dialética; são dois opostos, irreconciliáveis e incompatíveis. E quando a Ordem de Deus, através de Jesus Cristo e do aluno da Escola Espiritual cristã hierofântica, interfere na ordem de natureza decaída, penetrando-a, os fogos se acendem, e surge a perseguição.

Em virtude de seu estado de renascidos em Deus, os que amam a justiça divina e a trazem ao mundo não temem perseguição, mas a encontram, de dia e de noite, à sua porta. Essa perseguição é de caráter tríplice: segundo o espírito, segundo a alma e segundo a matéria, o corpo.

Portanto, compreendei bem que tudo o que o aluno que vive no novo céu-terra quer realizar neste mundo é compreendido, segundo a natureza, como loucura, impossibilidade e perigo. Eis por que o inimigo clássico está sempre pronto a assassinar no aluno tudo o que nasce do espírito.

Os ensinamentos da Ordem de Deus são mutilados e deliberadamente postos sob falsa luz. Os testemunhos das antigas civilizações que viveram mais próximas da pátria divina são retirados do alcance dos círculos intelectuais e relegados ao esquecimento.

Os últimos vestígios dessas civilizações, como por exemplo os antigos papiros e velhos manuscritos, são apagados ou então restituídos ao público depois de terem sido manipulados e lamentavelmente adulterados. Muito do que possuímos da filosofia chinesa, por exemplo, foi desfigurado pelos jesuítas devotados ao poder temporal de Roma. Os jesuítas passaram também pelo crivo tudo o que resta da sabedoria dos antigos incas, dos astecas e de outros povos pré-atlantes.

As acusações mais absurdas são usadas para impedir que a Ordem de Deus tenha poder sobre o mundo e a humanidade. Portanto, a perseguição segundo o espírito é o pão cotidiano do obreiro na Grande Vinha.

A perseguição segundo a alma é mais pessoal e de natureza moral. Os antecedentes, a moralidade de quem é atacado, são colocados sob falsa luz. As insinuações mais grosseiras são levantadas contra ele. Murmura-se sobre situações perigosas, sobre dificuldades financeiras e morais para minar e dificultar o trabalho. Vários são os obreiros que podem falar de monstruosas perseguições morais de que foram vítimas. Porém, ficai certos de que, em meio aos rumores maus ou bons, eles continuarão a espalhar a semente nos campos freqüentemente estéreis.

Não podendo atingi-lo pela perseguição segundo o espírito e a alma, resta ao clássico inimigo a terceira perseguição: a do corpo. Criam-se então situações ou oportunidades para destruir o obreiro, visando o seu corpo. Conforme a História o testemunha, todos os obreiros foram e são perseguidos, cercados como feras perigosas, martirizados, queimados, declarados e considerados fora da lei, tratados como ovelhas destinadas ao matadouro.

É isso o que ocorre quando se tenta implantar e afirmar, no tempo, a verdadeira justiça. O aluno, lúcido e consciente, reflete sobre essas experiências inevitáveis, verifica-as e prepara-se para elas, porém, completamente livre de amargura e até mesmo com certo humor. Já passou a época em que, indignado, ele cerrava os punhos e protestava vigorosamente, pois está cônscio de que isso representa uma total perda de energia e de que esse tipo de luta não faz nenhum sentido, pois a vitória final é sua. O reino dos céus lhe pertence!

Bem-aventurados os que sofrem perseguição por causa da justiça, porque deles é o reino dos céus.

O que significam essas palavras? Porventura querem elas dizer que ao término de sua luta o aluno entra num estado celeste, no qual poderá repousar e receber seu salário? Querem elas dizer que o aluno já antegoza a bem-aventurança desse amanhã?

De modo algum! Essa bem-aventurança mostra ao aluno que, pouco importando o que o clássico perseguidor empreenda contra ele no domínio do espírito, da alma e da matéria, o triunfo total e perfeito está ao lado da cruz; que a cruz é, enfim, como uma espada que fende e aniquila todas as resistências, estando qualquer sucesso das forças malignas fora de cogitação.

Segundo as aparências, os servos da cruz podem ser atacados, ridicularizados, tratados com violência mortal ou despojados do que foi edificado ao longo dos anos a serviço da humanidade; mas, para a visão interior, a marcha vitoriosa das hostes da Luz Única não pode ser retardada por um instante sequer.

Quão glorioso seria se cada um de vós estivesse cônscio de que, não obstante os gracejos e os sarcasmos, em meio da violência e do perigo, o reino da Luz é sempre erigido neste mundo! Seus muros se erguem, e as seteiras de suas torres brilham na rica e plena luz do novo dia. A cidadela da bondade, da verdade e da justiça brilha e resplandece para quem a quer ver!

Que ataquem e insultem a nossa honra e o nosso bom nome; que nos ameacem segundo a matéria:

Bem-aventurados os que sofrem perseguição por causa da justiça, porque deles é o reino dos céus.

O aluno toma parte na incorruptibilidade da Ordem de Deus e colabora para a criação dessa parte do reino de Deus, conquistado neste mundo mediante armas poderosas: as armas do amor, as armas do puro saber, as armas da aplicação da lei do Espírito de Jesus Cristo. Jamais na história do mundo se viu que algo tenha vencido essas armas.

Bem-aventurados sois vós quando vos injuriarem e vos perseguirem, e, mentindo, disserem todo mal contra vós, por minha causa. Exultai e alegrai-vos!

É necessário que disso se deduza que devemos regozijar-nos com os ultrajes e com as perseguições? Seria um contra-senso. Verificamos que a mentira, a calúnia, a injúria, a incompreensão constituem moeda corrente para o aluno e que isso lhe ocasiona tristeza e profundo desgosto, principalmente quando provêm dos que se dizem amigos e aparentados pelo espírito.

Longe de nós partilhar da idéia de alguns místicos nocivos que se regozijam com as mentiras, ultrajes e injúrias, simplesmente porque, compreendida ao pé da letra, a bem-aventurança lhes diz que se regozijem. A verdade é que, em semelhantes casos, a alegria e o sofrimento sempre se mesclam.

Quando o aluno executa sua missão de maneira satisfatória; quando, armado com a verdade da Luz, ele abre uma brecha nas sombrias galerias deste mundo, então um gemido de pavor atravessa a natureza: ela se sente descoberta; seus instintos de conservação e suas cobiças são postos a nu. Ao sentir-se encurralada, ela se defende. Como um animal, reage, estica as garras, e então nascem as mentiras, as calúnias, os ultrajes e as perseguições.

E, como é natural, quando sente dor por causa desse ataque, o aluno sente também alegria, pois sabe que as violentas reações que suporta na carne e no sangue e o sofrimento segundo o espírito são a prova de que sua atividade se desenvolve da maneira correta. Mediante seus atos e suas experiências ele segue as pegadas dos profetas e dos grandes obreiros que o precederam. Portanto, sua alegria é perfeita, pois sua recompensa é grande no céu.

Compreendei essas palavras tal como elas devem ser compreendidas. Quando os construtores executam o Plano do Grande Arquiteto, eles sabem, não obstante as dificuldades inevitáveis, que a Morada será construída e que o salário do trabalho está na própria obra. Há duas coisas atinentes a essa dupla bem-aventurança que o leitor interessado deve compreender bem:

1. o homem da natureza apenas pode reagir à Ordem Espiritual de Jesus Cristo de uma maneira. Para a natureza, a Ordem do

Espírito é uma grande desconhecida. Portanto, onde essa Ordem chegar a afetar a natureza, esta, sentindo-se ameaçada em seus valores naturais, em seus planos, se defenderá segundo suas próprias leis. Portanto, o leitor deve compreender muito bem que é justamente por esse motivo que Cristo não veio trazer a paz, mas a espada. Por isso, de coração, o aluno deve estar pronto a carregar a cruz, se quer servir à Ordem do Espírito. Trata-se aqui de compreensão puramente científica. Esse é o seu sofrimento, estamos de acordo! Mas também é a sua vitória, a sua alegria. Carregar a cruz é a vitória. Quando, seguindo a Cristo, seu Mestre, segundo o plano de seu trabalho, o aluno pronuncia sobre o Monte do Gólgota: "Tudo está consumado!", esse não é um grito de desespero, mas o grito da vitória! O reino dos céus lhe pertence! Seu salário é grande, tão grande que não pode ser avaliado por medidas terrestres. Sua obra está concluída!

2. é preciso compreender que, no trabalho espiritual de redenção, o salário está incluído no próprio trabalho. Na natureza, é usual receber-se o salário após o trabalho concluído, e a maioria dos homens só começa a viver quando, após o trabalho, pode empregar esse salário em despesas necessárias. No trabalho espiritual libertador, o aluno recebe seu salário pelo trabalho e no seu trabalho. Contudo, nesse sentido, o salário não consiste naquilo que os homens lhe retribuem espontaneamente em reação de luz. Quanto a isso, o obreiro não é mimado! É o trabalho que libera seu salário. Quando o aluno trabalha segundo a lei do Espírito, ele libera forças diferentes e poderes diversos que o elevam acima do tempo e do espaço e o transformam em verdadeiro novo homem. Com todas essas riquezas acumuladas, ele se encontra em condição de desenvolver forças dinâmicas ainda maiores, até a vitória final. O trabalho direto recebe como recompensa um tesouro incomensurável, que brota como de uma fonte mágica.

Permita Deus que, após essa nônupla reflexão a respeito das bem--aventuranças, outrora emitidas sobre a montanha, possais ver claramente diante de vós o caminho da luz; e que possamos, como peregrinos, nos encontrar nesse mesmo caminho. Uma Nova Era já despontou; um novo Sol espiritual surge no horizonte. Ascendamos nos albores dessa aurora, percorrendo o caminho dos nove degraus. Essa subida é uma caminhada feliz, é o reino dos céus. A recompensa é grande e, no final, a paz nos acena: a paz de Deus que excede a todo o entendimento.

Contudo, nessa caminhada abençoada, compreendei bem que habitais num país estrangeiro e que deveis, aqui mesmo, iniciar vosso caminho. Aqui mesmo deveis desenvolver vosso trabalho. Vossa peregrinação deve atravessar esta natureza de um lado a outro, porém estareis vos movendo em meio a inúmeras criaturas que têm ódio mortal pela paz. Tão logo faleis sobre a "paz que excede a todo entendimento", elas estarão prontas a lutar. Basta que ofereçais a Natureza divina nesta natureza para desencadeardes a luta.

Que a luta, seus desencantos e suas dores não vos tornem cegos nem vos iludam.

Regozijai-vos e alegrai-vos, pois é grande a vossa recompensa e vossa a vitória. Vosso é o reino dos céus.

A paz seja convosco!

Biografia do autor

Jan van Rijckenborgh, pseudônimo de Jan Leene, foi um rosacruz moderno e um gnóstico hermético — duas qualificações que marcaram toda a sua vida.

Ele nasceu em Haarlem, na Holanda, em 1896, numa família de orientação cristã. Ainda jovem, aprofundou-se em questões religiosas e principalmente na aplicação consciênciosa delas na vida cotidiana. Devido a isso, afastou-se do cristianismo superficial bem como da mentalidade teológica superficial. Seu grande senso de justiça levou-o a ligar-se ao movimento trabalhista que, na época de sua juventude, já tomava fortes contornos. Esse foi um período bastante agitado, no qual o professor dr. A.H. de Hartog (1869–1938) atraía multidões à igreja com sua *Teologia Realista*. Jan Leene era um de seus ouvintes. Com de Hartog ele aprendeu o profundo significado das palavras da Epístola aos Romanos, onde é dito que *a nova vida é o verdadeiro sacrifício*.

Jan Leene e seu irmão Zwier Willem Leene, ambos ardorosos buscadores, foram aos poucos se conscientizando da direção que deviam tomar a fim de poder aplacar sua fome da única realidade. Em 24 de agosto de 1924, eles lançaram a primeira e ainda modesta base para a construção do verdadeiro Lar da Libertação para a nova era: a morada *Sancti Spiritus*. Durante essa primeira fase construíram a Escola de Mistérios da Rosacruz, inspirados pelos Manifestos dos rosacruzes da Idade Média. A fim de ter acesso aos textos originais, Jan Leene visitou a *British Library* em Londres. *Esses documentos encontram-se provavelmente há duzentos anos nas estantes desta biblioteca sem que ninguém sequer tenha olhado para eles!* Em janeiro de 1937, apareceram suas traduções em holandês dos Manifestos: a *Fama Fraternitatis R.C.*, a *Confessio Fraternitatis R.C.* e *As núpcias químicas de Cristiano Rosacruz Anno 1459*, num único volume, com o título: *O testamento espiritual da Ordem da Rosacruz.*

Ele queria, assim, tornar conhecidos a essência e o chamado da Escola de Mistérios do Ocidente, conforme é dito no frontispício da primeira edição. O objetivo era a reforma geral, o deslocamento da ênfase da vida para o desenvolvimento da alma, de maneira que pelo renascimento ela se preparasse para encontrar o espírito de Deus.

Para elucidar o ideal rosacruz o mais amplamente possível, ele se serviu dos escritos do "filósofo teutônico" Jacob Boehme, do sábio chinês Lao Tsé e do poeta silesiano Johannes Scheffler (1624–1677), que passou a ser conhecido como Ângelo Silésio. Principalmente alguns versos deste último, também citados com freqüência pelo professor de Hartog, formaram a base para o desenvolvimento de um ensinamento gnóstico-transfigurístico inteiramente novo para a era atual. Antes da Segunda Guerra Mundial, Jan Leene continuou a publicar ainda com o pseudônimo *John Twine.* Mais tarde, escolheu o pseudônimo *Jan van Rijckenborgh* como símbolo da riqueza gnóstica que lhe era permitido transmitir a seus alunos e ouvintes interessados.

Em todas as suas obras ele fez uma ligação com aspectos gnósticos na literatura mundial, mostrando desse modo muitos pontos em comum no hermetismo, na Bíblia e, principalmente, nos Manifestos rosacruzes da Idade Média. Além disso, ele elucidou os *insights* e pensamentos de Paracelso, Comênio e Fludd. Embora rejeitasse o Cristo histórico das igrejas, sua escola era e é puramente cristocêntrica, ou seja: totalmente baseada na força universal de Cristo e em sua atividade onipenetrante.

A obra de Jan van Rijckenborgh consiste em milhares de alocuções nas quais a doutrina gnóstica de libertação é o ponto central. Em 1935–1936 ele publicava o semanário *Aquarius,* no qual punha abaixo muitos "valores sagrados" e descrevia os acontecimentos vindouros. Através do mensário *Het Rozekruis* ele fez soar a voz da Escola em desenvolvimento. A cruz foi plantada no mundo. No "mensário esotérico" *De Hoeksteen* ele explicou a base sobre a qual o trabalho de renovação do espírito, da alma e do corpo devia ser realizado. Após sua morte, em 1968, o mensário *De Topsteen* (1969–1978) anunciava o período da colheita. Muitas de suas explanações e alocuções encontram-se registradas na forma de quarenta livros de sua autoria. Estes livros são publicados pela Rozekruis Pers em Haarlem; muitos deles já se encontram disponíveis em dezessete idiomas.

A Escola de Mistérios da Rosacruz desenvolveu-se, transformando-se na Escola Espiritual Internacional da Rosacruz Áurea, que atua em todo o mundo ocidental, possuindo no momento 175 instituições em 36 países.

Jan van Rijckenborgh, que sempre considerava o futuro com justificado otimismo, disse em 1968, no final de sua existência: *Espero que minha vida possa ter acrescentado um pequeno golpe de martelo na eternidade.*

Glossário

Para que o leitor tenha uma melhor compreensão da terminologia que a Escola Espiritual da Rosacruz Áurea emprega, figuram neste glossário as palavras que no texto foram acompanhadas de um asterisco (*). O número entre colchetes corresponde à página onde o termo foi mencionado pela primeira vez.

Conhecimento de primeira mão: Na filosofia da Rosacruz, corresponde à consciência hermética ou pimândrica; é a consciência enobrecida que tem acesso ao conhecimento, ao saber referente à total realidade do Logos, e desse modo, por percepção direta, sem intermediários, pode ler e compreender a onisciência do Criador. [51]

Consciência biológica: É o centro da consciência natural, comum, do tríplice sistema dialético do homem, delimitado pelo campo de manifestação. É preciso, porém, não confundir a consciência-eu biológica com o aspecto espiritual superior humano, embora este esteja sujeito a ela. [80]

Dialética: Nosso atual campo de vida onde tudo se manifesta em pares de opostos. Dia e noite, luz e trevas, alegria e tristeza, juventude e velhice, bem e mal, vida e morte etc., são binômios inseparáveis. Um sucede o outro de maneira inevitável e, assim, um comprova o outro. Em virtude dessa lei fundamental, tudo o que existe nesta ordem de natureza está sujeito a contínua mudança e desintegração, surgir, brilhar e fenecer. Por isso, nosso campo de existência é um domínio do fim, da dor, da angústia, da destruição, da doença e da morte. Por outro lado, de um ponto de vista superior, a lei da dialética é, ao mesmo tempo, a lei da graça divina. Por meio da destruição e da renovação constantes, essa lei impede a cristalização definitiva do homem, ou seja, seu declínio inexorável. Ela sempre lhe oferece uma nova possibilidade de manifestação e, com isso, uma nova chance de reconhecer o objetivo de sua existência e percorrer a senda do retorno mediante a transfiguração, o renascimento da água e do Espírito. [13]

Doutrina Universal: Não é um ensinamento, uma doutrina, no sentido literal comum, tampouco se pode encontrá-la em livros. Na sua essência mais profunda, é a vivente realidade de Deus. Essa Doutrina ou Filosofia Universal é, portanto, o conhecimento, a sabedoria e a força que sempre de novo são ofertados ao ser humano pela Fraternidade Universal, a fim de possibilitar à humanidade decaída trilhar o caminho de retorno à casa do Pai. [14]

Fraternidade Universal: Hierarquia do divino reino imutável que constitui o corpo universal do Senhor. É conhecida como: Igreja Invisível de Cristo, Hierarquia de Cristo, Corrente gnóstica universal, Gnosis. Em sua atuação em prol da humanidade decaída ela é a Fraternidade de Shamballa, a Escola de Mistérios dos Hierofantes de Cristo ou Escola Espiritual dos Hierofantes, configurando-se na jovem Fraternidade gnóstica. [7]

Gnosis: a) O Alento de Deus; Deus, o Logos, a Fonte de Todas as Coisas, manifestando-se como espírito, amor, luz, força e sabedoria universais; b) A Fraternidade Universal como portadora e manifestação do campo de radiação de Cristo; c) o conhecimento vivo que está em Deus e que se torna parte dos que, mediante o renascimento da alma, entraram no nascimento da luz de Deus, isto é, no estado de consciência de Pimandro. [24]

Maniqueus: Movimento surgido no século III, fundado por Mani, que foi perseguido, acusado de procurar juntar numa vasta síntese os ensinamentos dos primeiros gnósticos, do cristianismo e do budismo. O maniqueísmo ressurgiu nos ensinamentos dos cátaros ou albigenses. [17]

Mantra: (adj. mântrico, mantrâmico) Palavra ou série de palavras que, ao ser cantada ou pronunciada em certo estado de consciência e orientação, libera grande força. Os mantras apenas têm efeito libertador quando empregados por um ser humano que se encontra ligado à Gnosis e a serviço da Grande Obra. Qualquer outro uso evoca somente forças naturais, gerando carma e reforçando consideravelmente a ligação à roda da dialética. [83]

Microcosmo: O ser humano como *minutus mundus,* pequeno mundo, constitui um sistema de vida de forma esférica. Do centro para a periferia podemos distinguir: a personalidade, o campo de manifestação, o ser aural e um campo espiritual magnético sétuplo. O verdadeiro homem é um microcosmo. O que neste mundo se denomina "homem" é apenas a personalidade mutilada de um microcosmo degenerado. Nossa consciência atual é uma consciência da personalidade e, por conseguinte, consciente apenas do campo de existência a que pertence. O *firmamento* ou *ser aural* representa a totalidade de forças, valores e ligações resultantes das vidas das diversas manifestações de personalidades no campo de manifestação. Todas essas forças, valores e ligações formam, em conjunto, as luzes, a constelação do firmamento microcósmico. Essas luzes são focos magnéticos que, em concordância com a sua natureza, determinam a natureza das forças e substâncias que são atraídas da atmosfera e introduzidas no sistema microcósmico e, portanto, também na personalidade. Conseqüentemente, assim como é a natureza dessas luzes, assim é a personalidade! Para mudar a natureza da personalidade é preciso antes mudar a natureza do firmamento aural, o que só é possível pela oblação do ser-eu, da total demolição do eu. O *campo de manifestação* (ou *campo de respiração*) é o campo de força imediato, no interior do qual se torna possível a vida da personalidade. Ele é o campo de ligação entre o ser aural e a personalidade. Em seu trabalho de atração e repulsão das forças e substâncias em benefício da vida e da conservação da personalidade, ele é inteiramente *uno* com esta última. [24]

Noûs: Santuário do coração do homem dialético completamente purificado e livre de toda influência e atividade da natureza e que vibra de modo inteiramente harmonioso com o átomo-centelha-do-espírito. Apenas em tal coração purificado é que pode ocorrer o encontro com Deus, a conscientização de Pimandro. [23]

Ser aural: O conjunto das forças, valores e restrições como resultado da vida das diferentes manifestações da personalidade no campo de manifestação, os quais formam as luzes, as estrelas do firmamento microcósmico. Essas luzes são focos magnéticos e determinam a natureza do campo magnético espiritual, portanto determinam a espécie de forças e substâncias que são extraídas da atmosfera e acolhidas pelo sistema microcósmico e também pela personalidade, que corresponde à natureza dessas luzes. Uma transformação do caráter da personalidade deve ser precedida pela transformação da natureza do firmamento, que só é possível pelo sacrifício do eu, a aniquilação total do eu. [24]

Tao: A Única Fonte de todas as coisas (Tao é uma designação utilizada por Lao Tsé). [30]

Alguns títulos publicados pela Editora Rosacruz

J. van Rijckenborgh

- O advento do novo homem
- Análise esotérica do testamento espiritual da Ordem da Rosacruz:
  - Vol. I: O chamado da Fraternidade da Rosacruz
  - Vol. II: Confessio da Fraternidade da Rosacruz
  - Vol. III: As núpcias alquímicas de Christian Rosenkreuz - t. 1
  - Vol. IV: As núpcias alquímicas de Christian Rosenkreuz - t. 2
- Christianopolis
- Filosofia elementar da Rosacruz moderna
- A Gnosis em sua atual manifestação
- A Gnosis original egípcia - tomos 1, 2, 3 e 4
- A luz do mundo
- O mistério das bem-aventuranças
- O mistério iniciático cristão: Dei gloria intacta
- O mistério da vida e da morte
- Os mistérios gnósticos da Pistis Sophia
- Não há espaço vazio
- Um novo chamado
- O Nuctemeron de Apolônio de Tiana
- O remédio universal

Catharose de Petri

- 24 de dezembro
- A Gnosis Chinesa
- A Rosacruz Áurea
- O selo da renovação
- Sete vozes falam
- Transfiguração
- O Verbo Vivente

Catharose de Petri e J. van Rijckenborgh

- O caminho universal
- A Gnosis universal
- A grande revolução
- O novo sinal
- Reveille!

Outros autores

Antonin Gadal	• No caminho do Santo Graal
Eckartshausen	• Algumas palavras do mais profundo do ser
Mikhail Naimy	• O livro de Mirdad

Outros títulos

- O caminho da Rosacruz no dias atuais
- O evangelho dos doze santos
- Trabalho a serviço da humanidade

Série Cristal

- 1- Do castigo da alma
- 2- Os animais dos mistérios
- 3- O conhecimento que ilumina
- 4- O livro secreto de João
- 5- Gnosis, religião interior
- 6- Rosacruzes, ontem e hoje

Infanto-juvenil

- Histórias do roseiral
- João Ultimonascido

Revista Pentagrama

Uma edição bimestral que se propõe a atrair a atenção dos leitores para a nova era que despontou para a humanidade

---

EDITORA
Rosacruz

Editora Rosacruz
Caixa Postal 39 – 13.240 000 – Jarinu – SP – Brasil
tel (11) 4016.1817 – fax 4016.5638
www.editorarosacruz.com.br
info@editorarosacruz.com.br

IMPRESSO PELA GEOGRÁFICA
A PEDIDO DA EDITORA ROSACRUZ EM SETEMBRO DE 2007